保育・福祉を知る

●編集委員●民秋　言・小田　豊・栃尾　勲・無藤　隆・矢藤誠慈郎

新 保育
ライブラリ

社会福祉 [第3版]

李木明徳　編著

北大路書房

新版に向けて　編集委員のことば

　本シリーズは，平成29年3月に幼稚園教育要領，保育所保育指針，幼保連携型認定こども園教育・保育要領，さらに小学校学習指導要領が改訂（改定）されたことを受けて，その趣旨に合うように「新 保育ライブラリ」を書き改めたものです。また，それに伴い，幼稚園教諭，小学校教諭，保育士などの養成課程のカリキュラムも変更されているので，そのテキストとして使えるように各巻の趣旨を改めてあります。もっとも，かなり好評を得て，養成課程のテキストとして使用していただいているので，その講義などに役立っているところはできる限り保持しつつ，新たな時代の動きに合うようにしました。

　今，保育・幼児教育を囲む制度は大きく変わりつつあります。すでに子ども・子育て支援制度ができ，そこに一部の私立幼稚園を除き，すべての保育（幼児教育）施設が属するようになりました。保育料の無償化が始まり，子育て支援に役立てるだけではなく，いわば「無償教育」として幼児期の施設での教育（乳幼児期の専門的教育を「幼児教育」と呼ぶことが増えている）を位置づけ，小学校以上の教育の土台として重視するようになりました。それに伴い，要領・指針の改訂（改定）では基本的に幼稚園・保育所・幼保連携型認定こども園で共通の教育を行うこととされています。小学校との接続も強化され，しかし小学校教育の準備ではなく，幼児期に育んだ力を小学校教育に生かすという方向でカリキュラムを進めることとなっています。

　保育者の研修の拡充も進んでいます。より多くの保育者が外部での研修を受けられるようにし，さらにそれがそれぞれの保育者のキャリア形成に役立つようにするとともに，園の保育実践の改善へとつながるようにする努力と工夫が進められています。全国の自治体で幼児教育センターといったものを作って，現場の保育者の研修の支援をするやり方も増えています。まさに保育の専門家として保育者を位置づけるのみならず，常に学び，高度化していく存在として捉えるように変わってきたのです。

　そのスタートは当然ながら，養成課程にあります。大学・短大・専門学校での養成の工夫もそれぞれの教育だけではなく，組織的に進め，さらに全国団体

でもその工夫を広げていこうとしています。

　そうすると，そこで使われるテキストも指導のための工夫をすることや授業に使いやすくすること，できる限り最近の制度上，また実践上，さらに研究上の進展を反映させていかねばなりません。

　今回の本シリーズの改訂はそれをこそ目指しているのです。初歩的なところを確実に押さえながら，高度な知見へと発展させていくこと，また必ず実践現場で働くということを視野に置いてそこに案内していくことです。そして学生のみならず，現場の保育者などの研修にも使えるようにすることにも努力しています。養成課程でのテキストとして使いやすいという特徴を継承しながら，保育実践の高度化に見合う内容にするよう各巻の編集者・著者は工夫を凝らしました。

　本シリーズはそのニーズに応えるために企画され，改訂されています（新カリキュラムに対応させ，新たにシリーズに加えた巻もあります）。中心となる編集委員4名（民秋，小田，矢藤，無藤）が全体の構成や個別の巻の編集に責任を持っています。なお，今回より，矢藤誠慈郎教授（和洋女子大学）に参加していただいています。

　改めて本シリーズの特徴を述べると，次の通りです。第一に，実践と理論を結びつけていることです。実践事例を豊富に入れ込んでいます。同時に，理論的な意味づけを明確にするようにしました。第二に，養成校の授業で使いやすくしていることです。授業の補助として，必要な情報を確実に盛り込み，学生にとって学びやすい材料や説明としています。第三に，上記に説明したような国の方針や施策，また社会情勢の変化やさらに研究の新たな知見に対応させ，現場の保育に生かせるよう工夫してあります。

　実際にテキストとして授業で使い，また参考書として読まれることを願っています。ご感想・ご意見を頂戴し次の改訂に生かしていきたいと思います。

2019年12月　　編集委員を代表して　無藤　隆

はじめに

　「福祉とは何か」これは古くからの命題である。福祉の「福」も「祉」も，その意味は幸福である。幸福を希求する仕組みが福祉といえる。「幸福とは何か」これも古くからの命題である。しかも，個人によってその価値観や考え方は千差万別である。「普通の暮らし」「人並みの暮らし」という言葉がある。幸福と同様，「普通」も「人並み」も個人の価値観や考え方は多様であり，具体的な基準もない。しかし，「普通の暮らし」や「人並みの暮らし」が実現できていない状況が，今日の日本社会の中にあることは一目瞭然である。子どもに焦点をあててみても，「子どもの貧困」「子ども虐待」「ヤングケアラー」があげられる。この点で「普通の暮らし」「人並みの暮らし」を取り戻す仕組みが福祉ともいえる。そして，社会がその責任を担うという意味で社会福祉がある。

　わが国の社会福祉は，その時代の政治，経済，文化などの社会状況を強く反映している。近代国家形成期の19世紀後半にあっては，篤志家と呼ばれる個人が私財を投げ打って，社会的立場の弱い人の救済や保護にあたっていた。それは，限られた範囲で，限られた人を対象とした社会福祉であった。20世紀になって，社会問題として国民の貧困に目が向けられるようになると，国の責任として対策を講じていくという仕組みがつくられていく。

　わが国の社会福祉が，その仕組みを本格的に構築したのは，第2次世界大戦以降である。戦争の後遺症となる様々な社会問題に対応する形で法整備が行われていく。戦争罹災者や引き揚げ者などの生活困窮者を救済するための生活保護法，戦傷病による身体障害のある人を救済するための身体障害者福祉法，養育や保護してくれる大人を失った孤児や浮浪児の救済や働き手を失った母子家庭を救済するための児童福祉法である。その後も社会的に立場の弱い人たちを救済する目的で国が積極的に関与する社会福祉の体制がつくられていく。しかし，これは広く国民を対象とした社会福祉ではなかった。また，国民も何か困窮したときに国が対策を講じてくれる，それが社会福祉という理解であった。

　その後，少子高齢社会の進展，非正規雇用の拡大といった人口構造や社会構造の変化は，これまで考えられなかった家族問題や社会問題を生み出した。老

老介護，認認介護，若年介護，ひきこもり，8050問題，格差の拡大などがそれにあたる。これらは国民全体に降りかかる問題であり，その結果，国民全体を対象に一人一人の生活の安定を支えるために，社会福祉がその役割を果たすことが求められるようになってきている。さらに，2019年冬，中国に端を発した新型コロナウイルス感染症の世界的蔓延は，人々の生活に想像以上の影響を与えた。経済活動の停滞は，解雇や雇い止め，失業の問題を深刻化させた。また，家庭内暴力も増加した。2020年は自殺（自死）をする人が11年ぶりに増えたこと，その中で女性の割合が前年と比べて14.5％増加したこと，若い世代の増加も目立つことが報道された。新型コロナウイルス感染症による生活の変化などが背景にある可能性が高いとされているが，いつ誰が困難な状況に陥るかわからない時代なのである。

　これから保育を志そうとする人たちが社会福祉を学ぶことは，子どもや子どもを取り巻く大人や家庭が置かれている状況を知るとともに「今，必要な支援とは何か」を考える上で大切なことである。また，このような困難な社会状況にあっては，社会福祉を知ることは，これからの社会を生きていく上で必須のことともいえる。社会福祉の制度や用語，その根幹となる考え方は時代とともに変化している。本書では，学問的知識や実務経験が豊富な執筆者によって，これらのことがわかりやすく解説されている。そういう意味で本書の内容は，社会福祉を学ぶ学生だけでなく，広く社会福祉について知りたいと思っている人たちの知識欲を満足させるものと確信している。また本書が，多くの人が社会福祉に関心をもつきっかけになればと願っている。

2023年6月　　李木明徳

もくじ

新版に向けて　編集委員のことば
はじめに

第Ⅰ部　現代社会における社会福祉の意義と歴史的変遷

第Ⅱ部　社会福祉の制度と実施体制

第Ⅰ部

現代社会における 社会福祉の意義と 歴史的変遷

　社会福祉は，時の社会情勢と密接に関係する営みである。社会構造の変化，経済活動のグローバル化，価値観の多様化，さらにはここ数年の新型コロナウイルスの感染拡大は人々の暮らしに多大な影響を与える。核家族化，少子高齢社会，それによる育児不安，子ども虐待，子どもの貧困，ヤングケアラー，老老介護，認認介護，貧困，孤独死，自殺（自死）とあげればきりがない。このような問題に，大人だけではなく，子どもも巻き込まれるのである。家庭や家族が有するセーフティネットの機能が弱くなることに比例して，その機能を社会が担うことが時代とともに求められてきたが，それすら困難な状況に陥っている。

　人々の福祉ニーズは，基本的ニーズから社会的サービス・ニーズへと変わってきたといわれるが，ここにきて再び基本的ニーズが満たされない状況が生じている。このような中で，社会福祉の歴史的変遷をたどりながら，改めて社会福祉とは何かを考えていくことは意味がある。第Ⅰ部では，社会福祉の理念と概念，社会福祉の歴史的変遷，さらに保育の対象である子どもと家庭に関わる社会福祉について述べていく。

第❶章
社会福祉の理念・概念と歴史的変遷

❶節 社会福祉の理念・概念

1──社会福祉とは

　「社会福祉」は，英語の "social welfare" に由来する。"welfare" は，健康，幸福，安寧を意味する。また "welfare" は，"well" と "fare" の2つの言葉からなり，well には「よく」「満足に」「申し分なく」という意味があり，fare には「(人が) やっていく，暮らす」という意味がある。つまり「よくやっていく」「満足に暮らす」ことが "welfare" である。このように考えると，個人における幸福が福祉であり，社会全体として幸福な状態が社会福祉ともいえる。個人や社会の幸福を追求することは，日本国憲法第13条の「幸福追求権」にもつながる。

　わが国で「社会福祉」が公的に使用されるようになったのは第2次世界大戦後に制定された「日本国憲法」第25条第2項に明示されてからである。第25条第1項で「すべて国民は，健康で文化的な最低限度の生活を営む権利を有する」とし，そのために第2項で「国は，すべての生活部面について，社会福祉，社会保障及び公衆衛生の向上及び増進に努めなければならない」としたのである。これは「生存権」に関わる規定である。幸福であるためには，健康で文化

的な最低限度の生活が満たされることが条件であり，個人の最低限度の生活を保障するために，国は社会福祉，社会保障，公衆衛生の面から責任を負っていると謳っているのである。ここでいう社会福祉は，個人や社会の幸福を支えるための仕組みである。このように社会福祉には2つの面が存在する。

　ところで，日本国憲法の第12条，第13条，第22条，第29条第2項には「公共の福祉」という言葉がある。第12条では「この憲法が国民に保障する自由及び権利は，国民の不断の努力によつて，これを保持しなければならない。又，国民は，これを濫用してはならないのであつて，常に公共の福祉のためにこれを利用する責任を負ふ」と述べ，個人の自由および権利の行使の濫用を禁止し，公共の福祉のために利用すること求めている。また，「幸福追求権」に関わる第13条では「すべて国民は，個人として尊重される。生命，自由及び幸福追求に対する国民の権利については，公共の福祉に反しない限り，立法その他の国政の上で，最大の尊重を必要とする」と述べ，個人の生命，自由及び幸福を追求する権利は尊重されるが，それは公共の福祉に反しない限りという制限が加えられている。この点では，個人に保障された権利と公共の福祉との間のバランスを意識したところに社会福祉がある。

　社会福祉の理念は，日本国憲法に謳われる「幸福追求権」と「生存権」の保障である。そのために，国は政策として社会福祉の仕組みを作る。その中で，国民共通のニーズに対してナショナルミニマム（日本国憲法第25条に基づき国が保障する「健康で文化的な最低限度の生活」水準）を考えるとともに，個人の生活のリスクに対応するためのセーフティネット（安全網）を用意する。国民一人一人は，自らの生活のために，自らの権利を主張するとともに，互いの権利を擁護することが求められる。その結果として，個人の福祉と公共の福祉が存在する。これが社会福祉の中核である。

2 ── 社会保障制度と社会福祉

　私たち一人一人は，普段，自らの責任と努力によって生活を営んでいる。しかし，病気やけが，高齢や障害，失業や離婚などによって，自らの力だけでは生活上の問題を解決できず，自立した生活を営むことが困難となる場合がある。このように個人の責任と努力だけでは対応できない状況に対して，相互に支え

合い，それでもなお困難な状況が続く場合，必要な保障を行うために社会保障がある。これを国として行うことを社会保障制度という。日本国憲法第25条を受けて設置された社会保障制度審議会が，1950年に出した「社会保障制度に関する勧告」の中で，社会保障制度について「社会保障制度とは，疾病，負傷，分娩，廃疾，死亡，老齢，失業，多子その他困窮の原因に対し，保険的方法又は直接公の負担において経済保障の途を講じ，生活困窮に陥った者に対しては，国家扶助によって最低限度の生活を保障するとともに，公衆衛生及び社会福祉の向上を図り，もってすべての国民が文化的社会の成員たるに値する生活を営むことができるようにすることをいうのである」と述べている。

　このように，社会保障制度とは，傷病や失業，労働災害，退職，失業，離婚などでこれまで営んでいた生活が不安定になったときに，健康保険や年金，社会福祉制度など，法律に基づく公的な仕組みを活用して，健康で安心な生活を保障するための制度である。この社会保障制度の一つが社会福祉制度である。

　社会保障制度における社会福祉制度について，平成24年版厚生労働白書では，「社会福祉制度は，税金を財源として運営されており，医療保険のようにあらかじめ制度に加入したり，一定のお金（保険料）を拠出したりすることは必要とされないが，高齢者，児童，障害者，母子家庭というように対象者が特定された上で個別に制度化されている点が特徴的である」と述べている。また，社会福祉制度における給付の考え方や社会福祉の位置づけについて「社会福祉は，社会保険のように給付を受けるために事前にお金を出し合う仕組みではなく，税金を財源として，政府が給付を行うものであり，その点では，公的扶助（生活保護制度）と共通している。しかしながら，子ども，障害者等への福祉サービスの提供については，経済的困難がなくても，対象者の個々の事情に応じて必要なサービスが実際に提供されるようにすることが求められるため，原則として所得制限や資力調査（ミーンズテスト）は行われない。また，利用者には利用する保育所などやサービスを選択する一定の自由度があるところなどが，医療保険等の社会保険に似ている。例えば，介護保険は，沿革的には社会福祉から発展して創設された制度である。このように，社会福祉は，公的扶助と社会保険の中間に位置づけられるともいわれる制度である」と述べている。ここで給付とは，所得補塡や所得補助，一時金，手当など現金の形で支給される現金

給付と受給者に直接提供されるモノや福祉サービスなどの現物給付のことである。

　まとめると，社会福祉は，児童，ひとり親家庭，障害のある人，高齢者というように対象を特定し，生活の安定や自己実現に必要なサービスを対象者の個々の事情に応じて社会的に提供（給付）するための仕組みといえる。

　なお，社会福祉以外に社会保障制度を構成するのは，社会保険，公的扶助，保健医療・公衆衛生の３つである。それぞれについて解説する。

　社会保険とは，人々が傷病，労働災害，退職や失業によって無収入になるといった状況（これを保険事故という）に備えて，保険集団をつくり，あらかじめ保険料を出し合い，保険事故にあった人に必要なお金やサービスを支給する仕組みである。医療保険，年金保険，介護保険，雇用保険，労災保険があり，いずれも被保険者の範囲が国によって定められている強制加入の保険制度である。

　公的扶助とは，生活に困窮する人に対して最低限度の生活を保障するための経済的な支援を行う仕組みである。その柱が生活保護制度である。公的扶助は，あらかじめ保険料などを支払う必要はなく，すべて税金でまかなわれている。生活に困窮した場合，生活保護法が定める要件を満たせば，無差別平等に保護を受けることができる。生活保護法で保障される生活水準は，健康で文化的な最低限度の生活を維持するためのものである。この点で生活保護制度は「社会保障の最後のセーフティネット」といわれている。

　保健医療・公衆衛生とは，人々が健康に生活を送ることができるよう医療サービスの提供，疾病予防や健康づくりの促進，母子保健，医薬品や食品の安全性を確認するための仕組みである。

　これまで社会保障制度という大きな枠組みの中で，国民の健康で安心・安全な生活が守られてきた。社会保障の基本的な考え方は変わらないが，近年，人口の高齢化と現役世代の減少，高齢社会に伴う社会保障費用の急速な増大，家族形態や地域社会の変化，非正規雇用の増加などの雇用基盤の変化といった社会経済の変化に対応した社会保障の機能強化が求められるようになってきた。これが社会保障制度改革である。2011年に厚生労働省は，「社会保障制度改革の方向性と具体策──「世代間公平」と「共助」を柱とする持続可能性の高い社会保障制度」という報告書を出す。その中で改革の基本的方向性として，①

全世代対応型・未来への投資——「世代間公平」を企図する社会保障制度，②参加保障・包括的支援（すべての人が参加できる社会）——「共助」をベースとした「重層的なセーフティーネット」の構築，③普遍主義，分権的・多元的なサービス供給体制——多様な主体の連携・協力による地域包括ケアシステムを示している。これを受け2012年に社会保障制度改革推進法が成立，交付された。改革の方向性は，①未来への投資（子ども・子育て支援）の強化，②医療・介護サービス保障の強化，③貧困・格差対策の強化，④多様な働き方を支える社会保障制度へ，⑤全員参加型社会，ディーセントワークの実現，⑥社会保障制度の安定財源確保，である。ディーセントワークとは，働きがいのある人間らしい仕事という意味である。近年よく耳にする「全世代型社会保障」は，この社会保障制度改革から始まる中心的テーマである。

3 ——制度としての社会福祉

　制度としての社会福祉とは，対象者が特定された上で個別に制度化されている点が特徴である。ここでは児童やひとり親家庭，障害のある人，高齢者に関わる社会福祉制度とそれに関する法律についてみていくことにする。

　児童やひとり親家庭を対象とした子ども家庭福祉は，「児童福祉法」（1947年制定）および「母子及び父子並びに寡婦福祉法」（1964年に母子福祉法として制定，1981年に母子及び寡婦福祉法に改称，2014年に現法律名に改称）によって施策が行われている。児童福祉法の第2章で「福祉の保障」として，障害のある子どもの療育や通所や入所に関わること，助産施設，母子生活支援施設や保育所への入所に関わること，要保護児童の保護措置などに関わることが規定されている。また，母子及び父子並びに寡婦福祉法では，第1条の目的に「この法律は，母子家庭等及び寡婦の福祉に関する原理を明らかにするとともに，母子家庭等及び寡婦に対し，その生活の安定と向上のために必要な措置を講じ，もつて母子家庭等及び寡婦の福祉を図ることを目的とする」と規定するとともに第2条の基本理念において「全て母子家庭等には，児童が，その置かれている環境にかかわらず，心身ともに健やかに育成されるために必要な諸条件と，その母子家庭の母及び父子家庭の父の健康で文化的な生活とが保障されるものとする」と規定し，福祉の保障が示されている。

　また，深刻な状況にある児童虐待への対策のために「児童虐待の防止等に関する法律」（2000年制定）が，子どもの貧困対策のために「子どもの貧困対策の推進に関する法律」（2013年制定）がある。虐待や貧困の問題を含め，子どもや子育てを取り巻く厳しい現状をふまえ，社会全体で子ども・子育てを支援する目的で「子ども・子育て支援法」（2012年制定）などがある。また，母性の保護と乳幼児の保健衛生の向上を目的として「母子保健法」（1965年制定），配偶者からの暴力の防止・保護等の婦人保護を目的として「配偶者からの暴力の防止及び被害者の保護等に関する法律（DV防止法）」（2001年制定）や「売春防止法」（1956年制定）がある。

　障害のある人のための福祉は，「障害者基本法」（1993年心身障害者対策基本法より改正）を中心に，「身体障害者福祉法」（1949年制定），「知的障害者福祉法」（1998年精神薄弱者福祉法より改正），「精神保健及び精神障害者福祉に関する法律」（1995年精神保健法より改正）が基本となって施策が行われている。また，発達障害のある人を福祉の対象とした法律には「発達障害者支援法」（2004年制定）がある。障害のある人の生活を支援するために「障害者の日常生活及び社会生活を総合的に支援するための法律（障害者総合支援法）」（2012年障害者自立支援法より改正）がある。さらに，障害のある人の尊厳を守り，権利実現のために「障害者虐待の防止，障害者の養護者に対する支援等に関する法律（障害者虐待防止法）」（2011年制定），「障害を理由とする差別の解消の推進に関する法律（障害者差別解消法）」（2013年制定）がある。

　高齢者の福祉は，「老人福祉法」（1963年制定）に基づいて施策が行われている。高齢社会の進展，要介護高齢者の増加，介護期間の長期化などによる介護のニーズの多様化と家族形態の変化，介護する家族の高齢化など家族をめぐる状況が変化する中で，1997年に介護保険法が制定され，高齢者の介護を社会全体で支え合う仕組みとして，法に基づいて介護保険制度が実施されている。その基本的な考え方は，自立支援，利用者本位，社会保険方式である。

4 ── 社会福祉の実践 ── 様々な援助技術

　いくら社会福祉の制度が整えられても，その制度を使うことができなければ，その制度は存在する意味がない。しかし，それぞれの抱える社会生活上の問題

に対してどの制度を使えばよいかわかっている人は少ない。また，自らの課題
を自らの力で解決しようとしても，個人の力だけでは困難な場合も多くある。
そのような状況で，個人が自らの社会生活上の課題の解決に主体的に取り組ん
だり，必要な社会資源と結びついたりするための支援が必要となる。これが相
談援助（ソーシャルワーク）である。

　相談援助（ソーシャルワーク）とは何か，2008年に厚生労働省が出した「保育
所保育指針解説書」の第6章「保護者に対する支援」のコラムの中で，次のよ
うに述べられている。

　　生活課題を抱える対象者と，対象者が必要とする社会資源との関係を調整
　しながら，対象者の課題解決や自立的な生活，自己実現，よりよく生きるこ
　との達成を支える一連の活動をいいます。対象者が必要とする社会資源がな
　い場合は，必要な資源の開発や対象者のニーズを行政や他の専門機関に伝え
　るなどの活動も行います。さらに，同じような問題が起きないように，対象
　者が他の人々と共に主体的に活動することを側面的に支援することもありま
　す。（後略）

　この文中にいくつかの相談援助（ソーシャルワーク）の技術が出てくる。個人
を対象とし，必要な制度や社会資源とつなげたり，個人の課題解決やよりよい
生活のための取り組みを支援したりする個別援助技術（ソーシャル・ケースワー
ク），地域を対象とし，地域の福祉課題を明らかにし，解決に必要な社会資源
を開発する地域援助技術（コミュニティワーク），集団を対象とし，同じような
立場にある人同士をつなげ，個人や集団の課題解決を支援する集団援助技術
（ソーシャル・グループワーク）である。

　これらの相談援助（ソーシャルワーク）の技術の他に，福祉ニーズや実態を把
握し，福祉活動への反映を行う社会福祉調査法（ソーシャルワーク・リサーチ），
福祉活動の課題や目標を明確にし，実施計画を策定する社会福祉計画法（ソー
シャル・ウェルフェア・プランニング），福祉課題を広く社会に周知し，社会の意
識を高め問題解決を目指す社会福祉活動法（ソーシャル・アクション），福祉活
動やサービスの内容などを評価・改善し，適正化を図る社会福祉運営管理法

（ソーシャル・ウェルフェア・アドミニストレーション）がある。これらのうち，個別援助技術（ソーシャル・ケースワーク）と集団援助技術（ソーシャル・グループワーク）のように個人や集団に直接働きかける援助技術を直接援助技術という。その他の援助技術は，個人や集団に直接働きかけないが，個人や集団が属する社会に働きかけていくという意味で間接援助技術という。

　また，関連援助技術として，ケースマネジメント（ケアマネジメント），ネットワーク，コンサルテーション，カウンセリング，スーパービジョンがある。複雑・多様化する個人の福祉的課題に対応するためには，ケースマネジメント（ケアマネジメント）やネットワークの技術を用いて，多職種連携をはかり，福祉サービスや社会資源につなげることが大切となる。

5 ── 社会福祉の対象

　社会福祉の対象を，社会福祉法制度からみると次のようになる。

　「児童福祉法」では，第4条で対象となる児童を，「満18歳に満たない者をいい，児童を左のように分ける。1　乳児　満1歳に満たない者　2　幼児　満1歳から，小学校就学の始期に達するまでの者　3　少年　小学校就学の始期から，満18歳に達するまでの者」としている。また，障害児とは，「身体に障害のある児童，知的障害のある児童，精神に障害のある児童（発達障害者支援法（平成16年法律第167号）第2条第2項に規定する発達障害児を含む。）又は治療方法が確立していない疾病その他の特殊の疾病であつて障害者の日常生活及び社会生活を総合的に支援するための法律（平成17年法律第123号）第4条第1項の政令で定めるものによる障害の程度が同項の主務大臣（筆者注：ここでの主務大臣とは厚生労働大臣を指す）が定める程度である児童」としている。さらに，第5条で妊産婦とは，「妊娠中又は出産後一年以内の女子」，第6条で保護者とは，「親権を行う者，未成年後見人その他の者で，児童を現に監護する者」としている。

　「障害者基本法」では，第2条で対象となる障害者について，「身体障害，知的障害，精神障害（発達障害を含む。）その他の心身の機能の障害（以下「障害」と総称する。）がある者であつて，障害及び社会的障壁により継続的に日常生活又は社会生活に相当な制限を受ける状態にあるもの」としている。その上で，

「身体障害者福祉法」では，第4条で身体障害者を「別表に掲げる身体上の障害がある18歳以上の者であつて，都道府県知事から身体障害者手帳の交付を受けたもの」としている。「知的障害者福祉法」では，「知的障害者」の明確な規定はないが，「療育手帳制度について」（昭和48年9月27日厚生省発児第156号）によって，療育手帳が交付された人が対象となる。また，「精神保健及び精神障害者福祉に関する法律」では，第5条で対象となる精神障害者について，「統合失調症，精神作用物質による急性中毒又はその依存症，知的障害，その他の精神疾患を有する者」としている。

「老人福祉法」では，第5条の4で対象となる者について，「65歳以上の者（65歳未満の者であつて特に必要があると認められるものを含む。以下同じ。）又はその者を現に養護する者（以下「養護者」という。）」としている。また，「介護保険法」では，第9条にて被保険者を「市町村の区域内に住所を有する65歳以上の者（以下「第1号被保険者」という。）」および「市町村の区域内に住所を有する40歳以上65歳未満の医療保険加入者（以下「第2号被保険者」という。）」としている。

「生活保護法」では，第4条の「生活に困窮する者が，その利用し得る資産，能力その他あらゆるものを，その最低限度の生活の維持のために活用」してもなお，最低限度の生活の維持ができない場合が保護の対象となるとしている。生活保護は世帯単位で行われるため，世帯員全員が，その利用し得る資産，能力その他あらゆるものを，その最低限度の生活の維持のために活用することが前提となる。

また，ひきこもり，自殺（自死），孤独死，無戸籍，外国人労働者，不就学児など，社会経済環境の変化によって生じる問題によって「社会的な援護を要する人」は，社会福祉法制度の明確な対象にはなっていないが，広く社会福祉の対象と考えることができる。

11

❷節 社会福祉の歴史的変遷

1 ──戦前のわが国の社会福祉

(1) 近代社会の社会福祉

　戦前とは，第2次世界大戦（1939～1945年）以前である。封建国家から近代国家を目指した明治時代，近代国家が確立する大正時代，昭和初期が該当する。

　近代国家を目指した明治政府は，欧米列強国と対峙するため富国強兵政策を進めた。その中で，1868年3月，明治政府は全国民に対して禁止令である「五榜の掲示」を出す。その第1札の中に「鰥寡孤独癈疾ノモノヲ憫ムヘキ事」とある。「鰥寡孤独」とは，身寄りのない人のことを表し，「癈疾」とは，心身に障害がある人や病人のことを表す。1874年7月に「恤救規則」を制定し，国として福祉施策を行おうとする。この規則で救済の対象となったのは「無告の窮民」で，身寄りがなかったり，身寄りがあっても助けを求めることができなかったりする人，70歳以上の働くことができない人，障害のある人，病人，13歳以下の子どもだった。

　日清・日露戦争，さらに第1次世界大戦によって，国力は高まる一方で，生活に困窮する国民も増えていった。特に，第1次世界大戦後の不況によって，国民の生活は窮乏する。中でも生活に欠かせない米の値段が高騰し，全国で米騒動が起きる。このような社会不安に対処するため，1918年に大阪で「方面委員制度」が創設され，貧困状態にある住民の調査を行った。これが現在の民生委員制度につながっていく。1929年には，恤救規則に代わる「救護法」が制定される。救護法の対象は，①65歳以上の老衰者，②13歳以下の幼年者，③妊産婦，④傷病あるいは心身の障害のために働く能力がない者とした。救護の種類は，生活扶助，医療扶助，出産扶助，生業扶助と埋葬費の支給が規定されていた。しかし，救護該当者には選挙権や被選挙権は認められなかった。これは，貧困，傷病，障害は個人の責任であり，自己過失であるという当時の考え方が背景にあったからである。

(2) 近代社会の社会事業

　国としての社会福祉の取り組みが不十分な中で，民間の慈善活動が，社会事

業として社会福祉の一端を担っていく。多くは児童に関わる施設で，児童養護では，石井十次による岡山孤児院（1887年創設），石井亮一による孤女学院（1891年創設）がある。児童自立支援施設では，留岡幸助による東京巣鴨に設立した家庭学校（1899年創設）がある。孤女学院は後に知的障害児教育を専門とする滝乃川学園になる。

　1938年に「社会事業法」が制定され，個人の慈善活動として行われていた社会事業に対し，国として規制を加えるとともに助成を行うことになった。また，同年に厚生省が設置される。

2──戦後のわが国の社会福祉

(1) 戦後処理期（1945年〜1954年）

　第2次世界大戦における敗戦により，わが国は連合国の占領下に置かれ，日本国憲法が制定されるとともに，新たな社会福祉の枠組みが作られることになる。まず，1946年に，戦争罹災や引き揚げ，復員による生活困窮者の救済のために「(旧) 生活保護法」が制定される。ついで1947年に，保護や養育をしてくれる大人を失った孤児や浮浪児を救済するために「児童福祉法」が制定される。さらに，1949年に，戦争によって傷病を患った軍人や民間人を救済するために「身体障害者福祉法」が制定される。これらの法律によって「福祉三法」体制が形成される。なお「(旧) 生活保護法」は，1950年に改正され，「(新) 生活保護法」が制定される。

　1951年には，社会福祉の事業全般について，その理念や基本事項を明確にするために「社会福祉事業法（現在の社会福祉法）」が制定される。

(2) 高度経済成長期（1955年〜1975年）

　1950年代後半に入ると，「もはや戦後ではない」という言葉に象徴されるように，戦後復興の混乱から脱し，めざましい経済成長を遂げる。それとともに，社会や家族の構造や機能が変化する。その結果，それまで家族が中心的な役割を担っていた高齢者や障害のある人のケア，さらに育児に問題が生じるようになる。特定の人を対象とした社会福祉から，広く国民を対象とした社会福祉への変化が求められることになる。

　1960年に「精神薄弱者福祉法（現在の知的障害者福祉法）」，1963年に「老人福

祉法」，1964年に「母子福祉法（現在の母子及び父子並びに寡婦福祉法）」が制定される。これらと先の福祉三法とを合わせて「福祉六法」体制となる。さらに，1960年に「身体障害者雇用促進法」が，1961年に「児童扶養手当法」，1965年に「母子保健法」，1970年に「心身障害者対策基本法」，1971年に「児童手当法」が制定される。また，1972年には老人福祉法が改正され，高齢者の医療の無償化が行われる。このように社会福祉に関わる法律が数多く整備され，福祉に目が向けられるようになったことから，政府は1973年を「福祉元年」とした。

　また，この時期に国民皆保険・国民皆年金体制が確立する。1958年に「国民健康保険法」，1959年に「国民年金法」が制定される。

(3) 社会福祉見直し期（1976年〜1997年）

　「福祉元年」となった1973年に始まった第1次オイルショック，1979年に始まった第2次オイルショックは，わが国の経済成長に大きな影響を与えることになる。税収が伸び悩む中で，社会福祉などの社会保障関係予算も抑制されることになり，「福祉見直し論」や「高福祉高負担論」が議論されるようになる。最終的には，日本型福祉として自助努力と相互扶助，さらに民間活力の活用という方向に向かうことになる。そして，地価の上昇に伴うバブル時代（1986〜1991年）を経て，社会福祉に対する考え方が良い意味でも悪い意味でも大きく変化することになる。それは，救貧的福祉から普遍的福祉へ，無料・給付型の福祉から有料（応益）・応能型の福祉へ，施設福祉から在宅福祉へ，強制措置型の福祉から施設選択利用（契約）型の福祉へ，セクショナリズムの福祉から保健・医療・福祉の統合連携型の福祉への変化（片山，2014）である。このような変化に呼応するように国民の福祉意識や社会福祉の制度も大きく変わっていくことになる。

　国際的には，1979年に「国際児童年」，1981年に「国際障害者年」が始まる。これらを契機に児童や障害のある人の福祉に対する考え方が変化し，子どもの権利やノーマライゼーションの思想が普及するようになった。

　わが国の社会福祉制度に目を向けると，1981年に「母子福祉法」が「母子及び寡婦福祉法」に改称されるとともに，父子家庭問題にも注目が集まるようになる。1982年に「老人保健法」が制定され，これまで無料であった高齢者医療が有料となる。また，社会福祉に関わる資格が創設される。1987年に「社会福

祉士及び介護福祉士法」が，1997年に「精神保健福祉士法」が制定され，専門職としての国家資格制度が確保されることになる。保育士も1999年に「児童福祉法」が一部改正され，「保父」「保母」の名称が「保育士」となり，2001年の改正で，名称独占資格として2003年から施行されたことによって国家資格となる（詳しくは第6章参照）。

　1990年代に入り，1990年に「老人福祉法等の一部を改正する法律」が制定され，先の福祉六法に「老人保健法」と「社会福祉・医療事業団法」を加えた「福祉八法」体制となり，八法全体が大きく改正された（福祉八法改正）。改正の主な内容は，①在宅福祉サービスの位置づけの明確化およびその支援体制の強化，②在宅福祉サービスおよび施設福祉サービスの市町村への一元化，③老人保健福祉計画の策定，④障害者関係施設の範囲の拡大等である。

　この福祉八法の改正に少なからず影響を与えたのは，少子高齢化問題である。わが国が高齢化社会（高齢化率：人口に占める65歳以上の高齢者の割合のこと。7％を超える状態を高齢化社会，14％を超える状態を高齢社会，21％を超える状態を超高齢社会という）に入ったのは，1970年である。そして，1994年には，高齢化率が14％を超え高齢社会に入る。加えて，合計特殊出生率が1989年には1.57となる。これは過去最低だった1966年の丙午（ひのえうま）の合計特殊出生率1.58を下回ったことから「1.57ショック」といわれ，社会的に大きな衝撃となった。その後も合計特殊出生率は低下し，少子高齢社会と人口減少がより鮮明になる。結果として，家庭規模が縮小し，家庭において高齢者の介護を担うことが困難な状況が生じるようになる。

　こうした状況下で，すべての国民が，健康で生きがいのある老後を安心して過ごせる社会の実現を目標に，1989年に「高齢者保健福祉推進10か年戦略（ゴールドプラン）」が策定される。ゴールドプランでは，数値目標を定め，在宅福祉事業が積極的に進められる。しかし，計画以上の高齢者保健福祉サービス整備が必要となったことから戦略が見直され，1994年に「新・高齢者保健福祉推進10か年戦略（新ゴールドプラン）」が策定されることとなった。さらに，1999年の新ゴールドプランの終了と2000年の介護保険制度の導入に対応するために「今後5か年間の高齢者保健福祉施策の方向（ゴールドプラン21）」が策定される。また，少子化対策として女性の仕事と子育ての両立等を主要な課題として1994

年に「今後の子育て支援のための施策の基本的方向について（エンゼルプラン）」が、その５年後には少子化対策推進関係閣僚会議で決定された少子化対策推進基本方針に基づいた「重点的に推進すべき少子化対策の具体的実施計画について（新エンゼルプラン）」（2000〜2004年度）が策定される。

　さらに、障害のある人の社会福祉に関しても、1993年に「障害者対策に関する新長期計画」と、これを具体的に推進するために1995年に「障害者プラン（ノーマライゼーション７か年戦略）」が策定される。そして、これらを引き継いで2002年には新しい「障害者基本計画」と「重点施策実施５か年計画（新障害者プラン）」が策定される。ゴールドプラン、エンゼルプラン、障害者プランは、平成の社会福祉改革の三大プランに位置づけられる。

　1993年には、「心身障害者対策基本法」が改正され「障害者基本法」となる。この障害者基本法において精神障害のある人が、社会福祉の対象として明確に位置づけられる。これを受けて、1995年に「精神保健法」が改正され、精神障害者保健福祉手帳制度が創設される（第45条）とともに「精神保健及び精神障害者福祉に関する法律」に題名改正される。

（4）社会福祉基礎構造改革以後（1998年〜）

　1998年、これまでのわが国の社会福祉制度を抜本的に見直す意見書が中央社会福祉審議会社会福祉構造改革分科会より提出される。社会福祉基礎構造改革と呼ばれる社会福祉制度の見直しでは、個人が尊厳をもってその人らしい自立した生活が送れるよう支えるという社会福祉の理念に基づき、①個人の自立を基本として、その選択を尊重した制度の確立、②質の高い福祉サービスの拡充、③地域での生活を総合的に支援するための地域福祉の充実を柱とした改革が行われることになる。これをふまえ2000年に「社会福祉の増進のための社会福祉事業法等の一部を改正する等の法律」が制定される。改正された法律は、「社会福祉事業法」、「身体障害者福祉法」、「知的障害者福祉法」、「児童福祉法」、「民生委員法」、「社会福祉施設職員等退職手当共済法」、「生活保護法」の一部改正と「公益質屋法」の廃止である。

　「社会福祉事業法」は「社会福祉法」に題名改正されるとともに、利用者保護制度の創設、サービスの質の向上のためにサービスの質を評価する第三者機関の育成、社会福祉に対する需要の多様化に対応するために権利擁護のための相

談援助事業をはじめとする9事業の社会福祉事業への追加，地域福祉の推進の
ために市町村・都道府県において地域福祉計画を策定すること等が行われる。

　また，「身体障害者福祉法」，「知的障害者福祉法」，「児童福祉法」に関連して
福祉サービスの利用制度化が行われ，これまで行政が行政処分によりサービス
内容を決定していた措置から，利用者が事業者と対等な関係に基づきサービス
を選択・契約する利用制度となる。保育所入所については先行して1997年に措
置から市町村との契約方式に転換された。なお，要保護児童に関する制度など
については措置が存続されている。

　この社会福祉基礎構造改革と時を同じくして，2000年に新たな社会保険制度
である「介護保険制度」が始まり，社会全体で高齢者の介護に取り組むという
方向性が鮮明になる。そのため高齢者福祉の分野でも措置制度は一部の措置規
定を残しながらも実質的には廃止となる。また，障害のある人の保健福祉全般
についても総合的な見直しが行われ，2003年度から，利用者が福祉サービスの
提供者と直接契約し，市町村が利用者に支援費を支給する「支援費制度」が始
まる。この後，障害のある人の福祉制度は，めまぐるしく変わる。特に2006年
に第61回国連総会で採択された「障害者の権利に関する条約（障害者権利条
約）」と「障害者の権利に関する条約の選択議定書」は，その批准に向けて障害
のある人の福祉に大きく影響を与えることになる（第13章参照）。社会福祉基礎
構造改革と直接関係しないが，子ども家庭福祉も子ども家庭を取り巻く問題の
深刻化に対応する形で変わっている（第2章，第12章参照）。

　子ども家庭福祉に関わって2023年4月1日に内閣府の外局としてこども家庭
庁が設置された。これは2022年12月に閣議決定された「こども政策の新たな推
進体制に関する基本方針～こどもまんなか社会を目指すこども家庭庁の創設
～」に基づき2022年2月に国会に提出された「こども家庭庁設置法」及び「こ
ども家庭庁設置法の施行に伴う関係法律の整備に関する法律」が成立したこと
による。こども家庭庁は，主に次のような組織で構成されている。①子どもの
視点，子育て当事者の視点に立った政策の企画立案・総合調整，必要な支援を
必要な人に届けるための情報発信や広報，データ・統計を活用したエビデンス
に基づく政策立案と実践，評価，改善などを担当する長官官房（企画立案・総
合調整部門），②妊娠・出産の支援，母子保健，成育医療等，就学前のすべての

子どもの育ちの保障，相談対応や情報提供の充実，すべての子どもの居場所づくり，子どもの安全を担当する成育局，③様々な困難を抱える子どもや家庭に対する年齢や制度の壁を克服した切れ目ない包括的支援，児童虐待防止対策の強化，社会的養護の充実及び自立支援，子どもの貧困対策，ひとり親家庭の支援，障害児支援などを担当する支援局である。こども家庭庁は，同じタイミングで施行される「こども基本法」に基づきながら，こども政策を強力に進めるための司令塔としての機能を発揮し，子どもの視点に立った施策の立案と実施に取り組むことになる。

研究課題

1. 戦後から現在までの日本の人口（高齢化率，合計特殊出生率）の推移とこれから10年後，20年後，30年後，40年後の推計人口（高齢化率，合計特殊出生率）について調べてみよう。
2. 「全世代型社会保障」について調べ，自分たちの暮らしとどのように関係するか分析してみよう。
3. イギリスやアメリカの社会福祉の歴史について調べ，日本の社会福祉にどのような影響を与えたか考察してみよう。
4. 子ども・子育て支援に関わる政府の施策について調べてみよう。

推薦図書

●広井良典（2019）．人口減少社会のデザイン．東洋経済新報社．
●増田幸弘・三輪まどか・根岸忠（編著）（2019）．変わる福祉社会の論点［第2版］．信山社．
●水畑明彦（2018）．自治体職員が書いた子ども・子育て支援新制度の基礎がわかる本──「子どもの最善の利益」「認定こども園化」「待機児童」「保育の質」「保育の保障」をどうしていくのか．デザインエッグ社．
●小熊英二（2019）．日本社会のしくみ──雇用・教育・福祉の歴史社会学．講談社．

第②章
子ども家庭支援と社会福祉

　「子ども家庭支援」とは「子ども」と「子育て家庭」の支援という2つの意味を含んでいる。子育て家庭の支援を行う主体は，祖父母やその他の親族が最も多い。しかし，子育ては家族，親族だけでは難しい場合もあり，その場合は国が用意した様々な社会制度を利用することになる。「保育所保育指針」の第1章総則「1　保育所保育に関する基本原則」(1) ウには「保育所は，入所する子どもを保育するとともに，家庭や地域の様々な社会資源との連携を図りながら，入所する子どもの保護者に対する支援及び地域の子育て家庭に対する支援等を行う役割を担うものである」と定められている。つまり，保育士の業務は「子どもの保育」と「子どもの保護者への支援」，さらに「地域の子育て家庭への支援」の3種類あるとされている。まさに，子ども家庭支援の理念と内容を学ぶことは，保育士業務の中核を学ぶことに通ずる。この章では，子育て支援の援助者が，根拠とするべき「理念」についてまず理解した上で，次に子育て支援の考え方について学ぶ。そして最後に実際の事例を用い，子育て支援の実際について考える。

1節　子ども家庭支援の理念

1 —— 子どもの権利条約

　子どもの権利保障への取り組みを明確に宣言した国際基準として「児童の権利に関する条約（子どもの権利条約）」がある。この子どもの権利条約は，1989年に第44回国連総会において採択され，わが国は5年後の1994年に批准した。

　この条約は，2度の大きな世界大戦で多くの子どもたちが犠牲になったことへの反省と，今日なお，戦争，貧困等の困難な状況に置かれている世界の子どもたちの状況の改善を目指したものである。

　子どもの権利条約は，前文と本文54条からなり，子どもの生存，発達，保護，参加という包括的な権利を実現・確保するために必要となる具体的な事項を規定している（表2-1）。

　条約とは，国家間の取り決めであるが，その効力は国内法（児童福祉法など）より上位とされている。わが国の社会福祉制度はもとより，保育士が行う子ども家庭支援においても，この条約の規定に沿った取り組みが必要である。

　子どもの権利条約では，「子ども一人ひとりの生命とその尊厳」を最重要の価値としている。

表2-1　「子どもの権利条約」4つの原則

- 生命，生存および発達に対する権利（命を守られ成長できること）
  すべての子どもの命が守られ，もって生まれた能力を十分に伸ばして成長できるよう，医療，教育，生活への支援などを受けることが保障される。
- 子どもの最善の利益（子どもにとって最もよいこと）
  子どもに関することが決められ，行われるときは，「その子どもにとって最もよいことは何か」を第一に考える。
- 子どもの意見の尊重（意見を表明し参加できること）
  子どもは自分に関係のある事柄について自由に意見を表すことができ，おとなはその意見を子どもの発達に応じて十分に考慮する。
- 差別の禁止（差別のないこと）
  すべての子どもは，子ども自身や親の人種や国籍，性別，意見，障害，経済状況などどんな理由でも差別されず，条約の定めるすべての権利が保障される。

出所：日本ユニセフ協会ホームページをもとに作成。

表2-2　保育所保育指針「第4章　子育て支援」

1　保育所における子育て支援に関する基本的事項 　(1) 保育所の特性を生かした子育て支援 　　ア　保護者に対する子育て支援を行う際には，各地域や家庭の実態等を踏まえるとともに，保護者の気持ちを受け止め，相互の信頼関係を基本に，保護者の自己決定を尊重すること。 　　イ　保育及び子育てに関する知識や技術など，保育士等の専門性や，子どもが常に存在する環境など，保育所の特性を生かし，保護者が子どもの成長に気付き子育ての喜びを感じられるように努めること。 　(2) 子育て支援に関して留意すべき事項 　　ア　保護者に対する子育て支援における地域の関係機関等との連携及び協働を図り，保育所全体の体制構築に努めること。 　　イ　子どもの利益に反しない限りにおいて，保護者や子どものプライバシーを保護し，知り得た事柄の秘密を保持すること。

2——保育所保育指針

「子ども家庭支援」の理念について，保育所保育指針では「第4章　子育て支援」という章を設け，表2-2の基本的事項を定めている。

保育所保育指針において，保育現場における子育て支援は，子どもと保護者の主体性を尊重することに力点が置かれている。

2節　子育て支援の考え方

保育士が，子ども家庭支援の理念に沿って効果的な援助を行うには，子育てを援助するための制度には何があるかを知ることが重要である。しかし，それだけでは足りない。「子育て上の問題（児童福祉問題）とは何か」，また「援助制度の使い方」についての知識も必須である。問題を理解できなければ，どのような言葉かけや，援助制度を選べばよいかわからないし，また制度の使い方を知らなければ効果的な援助につながらないからである。

つまり，保育士が，保護者の子育て支援を行うにあたって身につけるべき知識は，①児童福祉問題，②援助制度，③援助方法の3つである。

1——児童福祉問題の種類と原因

児童や子育て家庭に関する問題は様々なものがあり，その背景にも多様な原因があることが考えられる。

(1) 問題の種類

　児童福祉問題とは，養護，児童虐待，非行，障害児養育など様々な種類がある。以下，主なものの概要を示す。

【養護問題】

　保護者が子どもの養育が困難になっている状況である。具体的には，父または母等保護者の家出，失踪，死亡，離婚，入院，稼働および服役等による養育困難児，棄児，迷子などである。

【児童虐待】

　児童虐待も「保護者が子どもの養育が困難になっている」状況であるため，養護問題の一つに含まれる。児童虐待は，「身体的虐待」「ネグレクト」「性的虐待」「心理的虐待」の４つに分類される。

【非行問題】

　非行とは，「児童の法律や社会規範に反した行為」を指す。具体的には，万引きや夜間徘徊，窃盗，傷害などがある。

【障害児養育】

　児童福祉法における障害児とは，身体に障害のある子ども，知的障害のある子ども，精神に障害のある子どもなどをいう。障害のある子どもおよびその家族に対しては，障害の疑いがある段階から身近な地域で発達支援を行う必要がある。

【性格行動】

　性格行動の問題とは，子どもの性格や行動面の問題が，生活を送る上で様々な問題を生じさせている状況である。具体的には，反抗が著しい，友達と遊ばない，落ち着きがない，内気，緘黙，不活発，家庭内暴力などがある。

　以上のように，子育てに関する問題は多くの種類がある。しかし，これらの問題は，その大きさ，深刻さという面も注意しなければならない。問題が大きければ大きいほど，保護者や子ども自身では対応できず，周囲の支援が必要である。

(2) 児童福祉問題が起きる原因は何か

　児童福祉問題がなぜ発生するか。それは，保護者や子ども自身に「生活に支

障をきたす様々なハンディ」が生じているからである。この生活ハンディがあるからこそ，児童福祉問題という様々な「症状」が発生するのである。

　そのことを理解することが，子ども家庭支援を学び，実践する上で最も大切な鍵となる。

　この「生活ハンディ」は，大きく分けると①親・保護者，②子ども，③親族の３種類に分類できる。以下，その内容について概説する。

【保護者のハンディ】

　保護者に子育てが難しい事情がある場合である。具体的には，保護者に病気，障害，様々な不運がある，経済的困窮，死亡などがあげられる。

【子どものハンディ】

　子育てが難しい理由が子どもにある場合である。具体的には，乳幼児である，障害がある，反抗などの問題行動があるなどがある。

【親族のハンディ】

　子育てを助けてくれる祖父母他，親族がいないなどである。

　これらの様々なハンディが多ければ多いほど，あるいは大きければ大きいほど，問題も深刻になる。

2 ── 子育て援助制度には何があるか

　様々な児童福祉問題に対応する援助制度の概要は以下のとおりである。ここでは，援助制度をその性質に応じて４つに分類した。以下，その内容について概説する。

【相談援助】

　児童福祉問題については，様々な相談場所がある。代表的なものに，市役所や町村役場，児童相談所，福祉事務所，発達障害者支援センターがある。保育所も児童福祉問題の相談場所の一つである。

【治療的援助】

　子どもに問題行動や障害がある場合，その改善のための治療的援助を行う機関がある。障害児については，児童発達支援センターなどの療育施設，問題行動については，児童相談所の在宅指導などがある。

【経済的援助】

　経済的に家庭が困窮すると，子育ても困難になる。一定の要件を満たせば国から生活費が支給される「生活保護」が，代表的な支援制度である。また，子育て世帯に対しては全世帯に支給される「児童手当」，ひとり親世帯に支給される「児童扶養手当」，障害児をもつ保護者に支給される「特別児童扶養手当」がある。

【社会的養護】

　保護者が子どもを養育できない場合や，深刻な児童虐待がある場合は，児童は家庭から離れ，施設などに入所することとなる。原則1歳未満（必要があれば，それ以上の年齢の子も入所可能）の乳児が入所する施設を「乳児院」，1歳以上18歳未満（必要があれば，それ以上の年齢の子も入所可能）の児童が入所する施設を「児童養護施設」，また，家庭に子どもを迎え入れて養育を担う「里親制度」もある。

3 ──相談援助の受け方

　児童福祉問題が生じていて，それに対応する援助制度が用意されていても，当事者（保護者など）が援助制度を利用するかどうかは別問題である。

　特に児童福祉分野は，子どものために援助を受けることが妥当な状況でも，保護者がそれを拒むなどすれば援助につながらない。このような場合にどうすればよいのだろうか。子育て相談を受ける者は，問題の当事者である保護者の態度と，問題の深刻さに応じられるよう，相談を受ける基本的な姿勢，態度を学び，身につけておくことが必要である。以下，保護者の態度別の対応方法を概説する。

【保護者から相談された場合】

　保育士が，保護者などから相談を受けた場合は，その内容に応じた正確な知識を伝えることが必要である。そのためにはまず，保育士自身が子ども家庭福祉や養育に関する十分な知識や福祉制度とその相談先を正確に知っておく必要がある。

【援助者から保護者に問題を伝える場合】

　保育士が子育て上の問題を見つけ，そのことについて保護者と話をする場合

がある。そのときは，保護者に丁寧に接することが大切である。受容的に話を聞きながら，援助が必要な理由をわかりやすく伝え，援助につなげるべきである。

【援助を拒否された場合】

　児童虐待の疑いや，子どもの発達の遅れの疑いがある場合などは，保護者が相談や援助を拒否する場合がある。この場合は，市町村の担当課や児童相談所に相談する必要がある。

❸節　保育所で出合う児童福祉問題

　この節では，保育所で出合いやすい児童福祉問題の一つである養護問題について事例をもとに，その対応の方法を解説する。

事例

　A男（5歳）とB女（4歳）は母親との3人暮らしです。母親は経済的に困窮していて，昼も夜も働いています。母親は，昼前に保育所に子どもたちを連れてくるのですが，朝食を取っておらずお腹を空かせているので，おにぎりやパンを保育所で食べさせています。2人が着てくる服も日に日に汚れが目立ってきています。また最近は，連絡なく欠席する日も増えてきました。A男とB女は徐々に，行動面が荒れてきて，他の子の給食を取って食べたりするなどトラブルが絶えません。担当保育士は，保育所長と相談し，家庭訪問し母親と話をすることとしました。

1 ——問題の状況

　母親が一人で養育と家計を支えており，それを援助してくれる祖父母や親族もいないようである。昼も夜も働けば，母親は心身ともに疲弊し，また養育の時間に余力をかけることもできない。そのため，幼児の健全な成長に不可欠な日常の世話と保護者の愛情が十分に与えられず，心の荒れを作り出し，様々な問題行動が現れる。このように，保護者の生活困窮により子育てに支障をきたす問題が養護問題である。養護問題が長引けば，子どもの健全な心身の発達を蝕^{むしば}まれるので，早急な援助が必要である。

2 —— 援助制度と援助の方法

(1) 保育所の支援

　養護問題が生じた場合，保育所にできることは，まずは保育士などによる相談援助である。

　この事例の場合は，担当保育士や保育所長が母親に，子どもたちが荒れていることを伝え，家庭の大変な状況を傾聴することから始まるだろう。生活の苦労を話すことができる相手ができるだけでも，母親の心の負担は減少するかもしれない。また，話を継続して聞いていくことで，家庭で生じている問題を把握しやすくなるだろう。

(2) 行政による在宅での支援

　この事例の場合は，母親が経済的に困窮しているため，公的な経済的支援制度の利用が考えられる。ひとり親世帯の場合は「児童手当」のほか，「児童扶養手当」が支給される。それでも足りない場合は生活保護を利用することができる。経済的支援を受けることで，母親は仕事を減らすことができ，子どもたちの養育にかける時間と余力を取り戻せる。

　また，母親は就労しているため，子どもの養育を援助する制度も必要である。就労が理由で保育が必要な場合は，保育所を利用するが，さらに，長時間子どもを預ける必要がある場合は，「延長保育」や「休日・夜間保育」がある。また，子どもが病気になった場合は，「病児・病後児保育」制度がある。母親が何らかの病気で短期で入院しなければならないなど一時的に子どもを預ける必要があれば，市役所の窓口を通し，児童養護施設に短期間入所する「短期入所生活援助事業（ショートステイ）」が利用できる。

(3) 社会的養護の利用

　親族の援助や一般的な福祉制度を利用しても家庭での養育が難しい場合は，公的責任で社会的に養育，保護を行う「社会的養護」を利用することとなる。社会的養護には，親代わりの者が家庭養育を行う里親と施設養育がある。施設は乳児院と児童養護施設が代表的なものである。いずれの場合も，児童相談所を通じて利用が決定される。

　なお，2022年3月の厚生労働省の発表によれば，社会的養護の対象児童は全

国でおよそ4万2,000人である。

 研究課題 ─────────────────────────

1. 子どもの権利条約からみた日本の社会的養護の問題点を調べてみよう。
2. 保育所保育指針（厚生労働省編）を読み，保育士が行う「保護者支援」はどんなものが
   あるか調べてみよう。
3. 児童養護施設と里親を比較し，それぞれの良い点と課題を考えてみよう。

推薦図書 ─────────────────────────

●田中れいか（2021）．児童養護施設という私のおうち──知ることからはじめる子どものた
めのフェアスタート．旬報社．
●土井高徳（2010）．虐待・非行・発達障害 困難を抱える子どもへの理解と対応──土井フ
ァミリーホームの実践の記録．福村出版．
●松本伊智朗（編著）（2010）．子ども虐待と貧困──「忘れられた子ども」のいない社会を
めざして．明石書店．

Column 1

SDGs と社会福祉

　持続可能な開発目標（SDGs：Sustainable Development Goals）とは，2015年9月の国連サミットで採択された「持続可能な開発のための2030アジェンダ」で記載された2030年までに持続可能でよりよい世界を目指すための国際目標のことである。17のゴールと169のターゲットから構成され，地球上の「誰一人取り残さない（leave no one behind）」持続可能で多様性と包摂性のある社会の実現を目指している。この中で「福祉」，「社会保障」に関わるターゲットが含まれるゴールをあげると，1番目の「貧困をなくそう」，2番目の「飢餓をゼロに」，3番目の「すべての人に健康と福祉を」，4番目の「質の高い教育をみんなに」，5番目の「ジェンダー平等を実現しよう」，8番目の「働きがいも経済成長も」，10番目の「人や国の不平等をなくそう」，11番目の「住み続けられるまちづくりを」，16番目の「平和と公正をすべての人に」となる。

　1番目，2番目，3番目，5番目のゴールは，いずれもわが国の社会問題と密接に関わる。1番目の「貧困をなくそう」のターゲットの一つが「1.2　2030年までに，各国定義によるあらゆる次元の貧困状態にある，すべての年齢の男性，女性，子どもの割合を半減させる」である。貧困問題に関連して2番目の「飢餓をゼロに」のターゲットのなかには「2.1　2030年までに，飢餓を撲滅し，すべての人々，特に貧困層及び幼児を含む脆弱な立場にある人々が一年中安全かつ栄養のある食料を十分得られるようにする」とある。わが国が抱えるひとり親家庭の問題（特にシングルマザー）や子どもの貧困問題もこれらのターゲットの対象である。また，5番目の「ジェンダー平等を実現しよう」のターゲットの一つが「5.4　公共のサービス，インフラおよび社会保障政策の提供，ならびに各国の状況に応じた世帯・家族内における責任分担を通じて，無報酬の育児・介護や家事労働を認識・評価する」である。育児や介護は家庭，特に女性の仕事であるという考えはわが国にも強く残っており，育児や介護，家事に正当な評価がなされていない。さらに，育児や介護による離職が貧困にもつながる。2019年冬に中国で始まった新型コロナウイルス感染拡大は，特に女性に対して大きな負担を強いてしまったのも事実である。さらに，8番目の「働きがいも経済成長も」のターゲットの一つが「8.5　2030年までに，若者や障害者を含む全ての男性及び女性の，完全かつ生産的な雇用及び働きがいのある人間らしい仕事，並びに同一労働同一賃金を達成する」である。男性と女性の間，障害者と健常者の間，ひとり親家庭と一般家庭の間でみられる賃金格差の問題があげられる。

第Ⅱ部

社会福祉の制度と
実施体制

　子育て支援を行う際，最も必要な知識の一つが「社会福祉制度（福祉サービス）」に関する知識である。子育て家庭の困りごとや，悩み，トラブルには実に様々なものがある。経済的に困っている，子どもの発達の遅れに悩んでいる，児童虐待やDVが発生している……。このようないろいろな悩みごとに対して，どんな社会福祉制度を使い，どこに相談に行けばよいのか。多くの社会福祉制度とそれを実施している機関の知識がなければ的確な援助は行えない。

　現代の社会福祉制度は，多種多様で，仕組みは複雑である。そのすべてを学ぼうとしても容易ではないが，保育士が普段行う子育て支援に絞れば，知っておくべき制度は少ない。第Ⅱ部では，基本的な社会福祉制度とその実施機関のあらましを学ぶ。

第❸章
社会福祉の制度と法体系

　第1章でも学んだように，社会福祉とは，個人や家族が自らの力では解決することが困難な様々な生活問題が生じた際，国がサービスを提供することにより，問題を解決し，生活の安定や自己実現を支援する制度である。

　1946年に制定された日本国憲法第25条第1項には「すべて国民は，健康で文化的な最低限度の生活を営む権利を有する」として国民の生存権を，第2項に「国は，すべての生活部面について，社会福祉，社会保障及び公衆衛生の向上及び増進に努めなければならない」と国の保障義務を規定している。この憲法第25条の趣旨を具体化するために，わが国の社会福祉制度は，児童，高齢者，障害者，ひとり親家庭というように対象を個別に分けて制度化し発展してきた。社会福祉の法体系は，全体の総則法である「社会福祉法」と，社会福祉の基本となる「社会福祉六法」，そして「その他の社会福祉関連法」の3つに大別される。

　この章では，社会福祉の法制度の中核にある社会福祉六法について解説する。

1節. 生活保護法

1 ── 生活保護の意義

　生活保護は，国民が生きていく上で，最低限の生活費を得ることが困難な状況に陥ったときに，その生活にかかる様々な費用を国が保障する制度である。例えば，誰でも突然の病気やけがで働けなくなって収入が激減する場合がある。また，勤めていた会社が倒産し収入が全く途絶えるという事態が生じる場合もあるだろう。そのようなとき，私たちは他の家族の収入に頼ったり，それまで蓄えていた貯金や保険を解約して生活費にあてるなど，あらゆる手を尽くそうとするだろう。しかし，それでもなお必要な生活費を確保できない場合には，私たちは国に対して「健康で文化的な最低限度の生活」の保障を要求する権利がある。この権利を具体化したものとして生活保護制度が形作られた。この「社会保障の最後のセーフティネット」と呼ぶべき生活保護制度は，国民の生活保障だけでなく，その家族や個人の自立助長を図ることも目的としている。

2 ── 生活保護制度の仕組み

　生活保護制度は，1950年に制定された生活保護法を中心に運営されている。この法律は，保護の基本となる考え方を示す「生活保護の原理・原則」（表3-1，3-2）や，保護の具体的な仕組みを示す「扶助（支給される生活費の範囲や金額）の種類や保護の実施方法」などを定めている。

　また，扶助の種類としては，次の8つがある。

- 生活扶助（飲食費，被服費，光熱水費，家具什器費など）
- 教育扶助（義務教育就学中の学用品，給食費，副教材費など）
- 住宅扶助（家賃，間代，地代など）
- 医療扶助（病気の治療に必要な費用）
- 介護扶助（介護保険に基づく介護サービスを受けるための費用）
- 出産扶助（分娩に必要な費用）
- 生業扶助（生業を営むのに必要な資金や技能習得費，就職支度費，高等学校等修学費）

表3-1　生活保護の4つの原理

【国家責任の原理】 　憲法第25条の生存権を実現する為，国がその責任を持って生活に困窮する国民の保護を行う。
【無差別平等の原理】 　全ての国民は，この法に定める要件を満たす限り，生活困窮に陥った理由や社会的身分等に関わらず無差別平等に保護を受給できる。また，現時点の経済的状態に着目して保護が実施される。
【最低生活の原理】 　法で保障する最低生活水準について，健康で文化的な最低限度の生活を維持できるものを保障する。
【保護の補足性の原理】 　保護を受ける側，つまり国民に要請される原理で，各自が持てる能力や資産，他法や他施策といったあらゆるものを活用し，最善の努力をしても最低生活が維持できない場合に初めて生活保護制度を活用できる。

出所：筆者作成。

表3-2　生活保護の4つの原則

【申請保護の原則】 　保護を受けるためには必ず申請手続きを要し，本人や扶養義務者，親族等による申請に基づいて保護が開始される。
【基準及び程度の原則】 　保護は最低限度の生活基準を超えない枠で行われ，厚生労働大臣の定める保護基準により測定した要保護者の需要を基とし，その不足分を補う程度の保護が行われる。
【必要即応の原則】 　要保護者の年齢や性別，健康状態等その個人又は世帯の実際の必要の相違を考慮して，有効かつ適切に行われる。
【世帯単位の原則】 　世帯を単位として保護の要否及び程度が定められる。また，特別な事情がある場合は世帯分離を行い個人を世帯の単位として定めることもできる。

出所：筆者作成。

- 葬祭扶助（死者の葬祭に必要な費用）

3 ——生活保護の実施機関と保護の動向

　生活保護制度は国の定める制度であるが，その運営は，福祉事務所を設置する地方自治体（都道府県，市［特別区含む］に設置義務がある）が担っている。福祉事務所ではケースワーカー（現業員）と呼ばれる職員が配置されており，生活保護に関する事務のほか，対象世帯に対し自立のための支援を行っている。

　保護の動向としては1993年から被保護世帯・人員とともに増加しはじめ，2015年3月に過去最高（約217万人）を記録した。しかしその後は，減少に転じ2022年11月時点での生活保護受給者数は約202万人（保護率1.62%）となってい

る。受給者を年代別で見ると，高齢者の伸びが大きく，生活保護受給者の半数以上が65歳以上の者となっている。

❷節. 児童福祉法

　国の定める児童福祉制度は，少子化対策や保育制度，虐待を受けた児童や非行児童などの要保護児童対策など広範に渡る内容を含んでいるが，児童福祉の基本となる規定は児童福祉法（1947年制定）である。児童福祉法の第１条，第２条では，

　第１条
　　全て児童は，児童の権利に関する条約の精神にのつとり，適切に養育されること，その生活を保障されること，愛され，保護されること，その心身の健やかな成長及び発達並びにその自立が図られることその他の福祉を等しく保障される権利を有する。

　第２条
　　全て国民は，児童が良好な環境において生まれ，かつ，社会のあらゆる分野において，児童の年齢及び発達の程度に応じて，その意見が尊重され，その最善の利益が優先して考慮され，心身ともに健やかに育成されるよう努めなければならない。

として「児童の権利に関する条約」にのっとり「子どもの最善の利益」を尊重するという理念を掲げている（下線筆者）。

1 ── 要保護児童対策

　社会的に養護が必要とされる児童については，児童福祉法第６条の３第８項において「保護者のない児童又は保護者に監護させることが不適当であると認められる児童」と定義されている。保護者が死亡あるいは行方不明，病気療養中，経済的事情による養育困難，保護者から虐待を受けているなどの場合が該

当する。

　児童福祉法制定前後では，要保護児童とは主に戦災孤児を意味していたが，近年では児童虐待が大半を占めている。そのため，2000年に児童虐待の防止に関する法律（児童虐待防止法）が制定され，児童虐待の定義（身体的虐待，性的虐待，ネグレクト，心理的虐待）や住民の通告義務などが規定された。

　その後も，児童虐待防止法等の改正は頻繁に行われているが，現在の児童虐待防止の仕組みのあらましは以下の通りである。

【児童虐待対応の仕組み】

①「虐待（の疑い）」を発見した者は児童相談所か市町村へ通告する。

②通告を受けた児童相談所や市町村は48時間以内に安全確認を行う。

③児童虐待がある場合や，その疑いがあり，児童相談所が必要と判断する場合は子どもの一時保護を実施する。

④児童相談所は，家庭や児童への調査をすすめ，虐待の程度，改善の可能性に応じ，「施設入所などの親子分離」か「子どもを家庭に帰した上で関係機関による在宅の援助」が行われる。

⑤この関係機関による家庭への援助や児童虐待への予防のための取り組みは市町村が中心となって実施する。

2──保育対策

　保育所は第2次世界大戦後，児童福祉法に定められ，厚生省（現厚生労働省）所管の児童福祉施設となった。保育所は保護者の委託を受けて「保育に欠ける」（現在は「保育が必要な」）乳児または幼児を保育することを目的とするとされた。児童福祉法では，保育士の名称や資格，保育所の目的，利用条件，設備などに関する基本的規定を定めている。

　近年の核家族化の進行，共働き家庭の増加により，1990年代以降，都市部において待機児童問題が深刻化してきた。このような背景の中，保育制度も頻繁に改正されている。1997年に保育所の措置制度を廃止して利用契約制度とし，保護者が保育所を選択できるようにした他，児童福祉施設の名称の変更，放課後児童健全育成事業の法定化等がなされた。2001年には，認可外保育施設の都道府県知事への届け出義務化等，2003年には，市町村の子育て支援事業の実施，

保育需要が増大している都道府県および市町村の保育の実施等に関する計画作成等，2008年には，家庭的保育事業の法定化，小規模住居型児童養育事業の創設など児童の養育体制を拡充する方策がとられている。なお，2012年には子ども・子育て支援法が制定され，それまで，バラバラに財政支援が行われていた幼稚園，保育所，認定こども園および小規模保育等に対する財政支援を一元化した。

❸節 身体障害者福祉法

　身体に障害をもって出生した人や病気や事故で身体に障害を負い，日常生活または社会生活に相当の制限を受ける人の福祉について規定した法律である。

　1949年の制定当初は，戦後復興の環境の中，職業復帰を目指したリハビリテーション的色彩が強かったが，現行法では，身体障害者の自立と社会経済活動への参加を促進するために，身体障害者を援助し，必要に応じて保護して福祉の増進を図ることを目的としている。

　この法律で「身体障害者」とは，18歳以上で都道府県知事から身体障害者手帳の交付を受けたものと定義している（第4条）。身体障害者手帳については，18歳未満の児童に対しても交付されており，各種の福祉サービスを利用する際の資格を証明するものとなっている。

　事業としては身体障害者生活訓練等事業（点字または手話の訓練等），手話通訳事業，介助犬訓練事業を，施設としては身体障害者社会参加支援施設（身体障害者福祉センター，補装具製作施設，盲導犬訓練施設，視聴覚障害者情報提供施設）等を定めている。

　援護の実施者は原則として市町村とし，都道府県は市町村相互間の連絡調整，市町村に情報提供を行うこととしている。この他，都道府県は更生援護の利便や市町村の援護の実施の支援を行う身体障害者更生相談所を設置することや，身体障害の相談に応じ，更生に必要な援助を行う身体障害者相談員についても規定されている。

　なお，障害者の日常生活及び社会生活を総合的に支援するための法律（障害者自立支援法）の制定（2005年）に伴い，居宅サービスと身体障害者療護施設，

同更生施設，同授産施設，同福祉工場，同福祉ホームの施設サービスおよび更生医療は同法に基づいて提供されることとなった。

 知的障害者福祉法

児童福祉法から18歳以上の知的障害者の福祉施策を分離して1960年に制定されたものであり，1998年に精神薄弱者福祉法から名称変更され，現在の法律名となっている。身体障害者福祉法と同様に障害者自立支援法と相まって，知的障害者の自立と社会経済活動への参加を促進することを目的としており，知的障害者更生相談所，知的障害者相談員などについて規定している。なお，知的障害者の定義は法律上規定されていない。

障害者自立支援法の制定（2005年）に伴い，身体障害者福祉法と同じように，居宅サービス（ホームヘルプ，デイサービス，ショートステイ，グループホーム）と施設サービス（知的障害者更生施設，同授産施設，同福祉工場，同通勤寮，同福祉ホーム）は障害者自立支援法に基づくサービスへと移行した。

 老人福祉法

生活保護法の要保護老人の福祉施設の規定を分離して1963年に制定されたものであり，老人全般を対象とした法律である。老人についての定義はされていないが，老人の福祉に関する基本理念を明らかにし，老人に対して心身の健康の保持および生活の安定のために必要な措置を講じ，老人の福祉の向上を図ることを目的としている。

この法律では，老人居宅生活支援事業（老人居宅介護等事業，老人デイサービス事業，老人短期入所事業，小規模多機能型居宅介護事業，認知症対応型老人共同生活援助事業及び複合型サービス福祉事業）をはじめ，養護老人ホーム，特別養護老人ホーム，軽費老人ホーム等の老人福祉施設の定義を規定している。老人福祉施設の設置については，都道府県は老人福祉施設を設置できる。市町村および地方独立法人は都道府県知事に届け出て，また，社会福祉法人は都道府県知事の認可を受けて，特別養護老人ホームまたは養護老人ホームを設置すること

ができることを定めている。また，市町村は老人居宅生活支援事業，老人福祉施設による事業の供給確保に関する市町村老人福祉計画を，都道府県は市町村計画の達成に資するため都道府県の広域的な見地から都道府県老人福祉計画を定めるよう規定している。2000年の介護保険法の全面施行により，特別養護老人ホーム，老人居宅生活支援事業の要介護老人のサービスの提供は介護保険法に基づくサービスとして提供されるようになった。

 母子及び父子並びに寡婦福祉法

　現代のひとり親家庭に対する福祉施策も，第2次世界大戦後の戦後対策として開始された。すなわち，戦後大量に発生した戦争未亡人の生活救済のため1964年に母子福祉法として制定された。1981年に寡婦を加えた母子及び寡婦福祉法に，さらに2014年の法改正で父子家庭も含めた現行の制度となった。20歳未満の児童を扶養している配偶者のいない女子（男子）の世帯を母子（父子）家庭と呼ぶ。また，配偶者のいない女子（男子）で，かつて母子家庭であったが，子どもが成人した後も配偶者のいない状態にある者を寡婦と呼ぶ。これらの福祉に関する原理を明らかにし，生活の安定のために必要な措置を講じ，母子および父子家庭および寡婦の福祉の向上を図ることを目的としている。

　法律に基づく制度としては，福祉資金の貸付制度として，母（父）子の場合，児童の高校・大学進学に伴う修学資金，母（父）の事業開始（継続）資金，技能習得資金などがある。寡婦の場合もほぼ同様であり，無利子または低利子で貸付が行われている。また，母子・父子自立支援員による相談支援が行われている。

 研究課題

　あなたの住む地域の福祉の実情について調べてみよう（市町村や都道府県のホームページ，役所の発行する業務概要で確認できます。確認できない事項は直接役所に問い合わせてみてください）。
1．児童人口（18歳未満）と児童虐待通告件数（児童相談所の件数）を調べ，比較してみよう。
2．児童人口（6歳以下）と保育所の定員数を調べ，比較してみよう。

推薦図書

●阿部彩（2008）．子どもの貧困――日本の不公平を考える．岩波書店．
●みわよしこ（2013）．生活保護リアル．日本評論社．

第❹章
社会福祉行財政と実施機関

　第3章で学んだ福祉サービスの多くは，①国，②都道府県・指定都市，③市町村の3段階で実施される。いずれの行政機関でもその提供する福祉サービス（社会福祉制度）の運用には経費（お金）がかかる。福祉サービスの多くは，この3つのそれぞれの機関で経費が賄われることが多い。また，福祉サービスの実施も，それぞれの機関で役割分担がある。この章では，この経費に関わる「財政」と福祉サービスの実際の実施機関について概説する。

❶節. 社会福祉の財政

1 ── 財政とは何か

　社会福祉制度を運営するには，「金」と「人」が必要である。高齢者や障害者の年金や医療費制度，また生活保護や児童手当制度はお金そのものの給付である。高齢者や障害者のための福祉施設を新しく建設するためにも多くの経費が必要である。また，福祉サービスの提供を担う職員には給与（人件費）も必要である。

　この経費の多くは広く国民一般から集めた税金等で賄われる。この国民全般

から集めた資金を管理し，国民のために配分していく活動を財政という。

2 ── 日本の財政の現状

　国や地方公共団体の財政活動（収入・支出）は4月から翌年3月まで（会計年度）の年度単位で運営される。この1年間における収入を「歳入」，支出を「歳出」という。

　日本の財政の状況を一言で言えば，高度経済成長が終了した1973年以降，高齢者の増大と相まって悪化し続けている。つまり，歳出が歳入を上回っている。国と地方自治体は，不足する歳入を補うため，毎年，公債（国と地方自治体の借金）を発行し続け，その総額は今や約1200兆円にのぼる。

　以下，歳入と歳出の内訳を国と地方の財政に分けて概説する。

(1) 国の財政

①歳入の内訳

　2023年度の歳入は，当初予算で約114兆円であり，その約61%（69兆4,400億円）は所得税や法人税，消費税などの「租税・印紙収入」である。しかし，約31.1%（35兆6,230億円）は「公債金」，つまり国の借金となっている。

②歳出の内訳

　2023年度の歳出は当初予算で約114兆円であり，一般会計歳出から国債費を除いた基礎的財政収支対象経費の内訳は，地方交付税交付金等，社会保障関係費，公共事業関係費，文教及び科学振興費等がある。この中で，近年，社会保障関係費の増加が著しく約32.3%（36兆8,889億円）を占めている。

(2) 地方財政

　都道府県や市町村を意味する地方公共団体は，その自然環境や歴史的条件，また主要な産業，人口規模，年齢構成等が地域毎に異なっており，これに応じて様々な行政活動が行われている。

　地方財政は，国の財政と密接に関連しながら地方公共団体の行政活動を支えており，国民の生活を支えている。

　地方公共団体の財政のうち，社会保障（社会福祉）関係費は，民生費という費目で一般会計に計上されている。民生費は生活保護費，児童福祉費，老人福祉費，身体障害や知的障害者などの福祉対策を内容としている。近年の民生費

の動向をみると，年々増加し，2020年には土木費や教育費などを超えて最も大きな割合を占めた。このうち保育所の設置運営などに要する費用である児童福祉費は，2020年で全体の34.1％を占め，最も高い比率となっている。

3——保育所の運営費について

　地方自治体の民生費は児童福祉費の割合が最も多くなっているが，この中で大きな割合を占めている保育所運営費の仕組みについて説明する。保育所運営費とは，入所児童の保育に要する経費である。具体的には「児童福祉法による保育所運営費国庫負担金について」（厚生省発児第59号の２）に基づいて算定した額をいう。

　この算定された額のうち，まず保護者が所定の保育料をその収入に応じ負担し，残額について国，都道府県等（政令指定都市を含む。），市町村が一定の割合で負担する。その負担割合については，公立と私立で異なっている。

　公立保育所の場合，従来は，国1/2，都道府県等（政令指定都市を含む。）1/2の割合で負担していたが，2004年度から国の負担はなくなり，地方公共団体が一般財源から負担することとなった。一方，私立保育所の場合は，国が1/2，都道府県等（政令指定都市を含む）が1/2負担する。私立保育所については引き続き国も負担している。

4——利用者の費用負担について

　保育所などの社会福祉サービスを利用した場合，利用者がその費用の一部を負担する制度となっている。これは，サービスを利用する人と利用しない人との公平を図ること，限られた資源の効率的な配分と利用を図ること，費用負担をすることで利用目的意識を高めることなどがその理由とされている。

　利用者の費用負担額を決定する原則的な方法は，応益負担（利用した福祉サービスの経費の一定割合で負担する方式）と応能負担（利用者の所得の多寡によって負担額を決める方式）の２つである。

　保育所は応能負担だったが，2019年から「幼児教育・保育の無償化」により，すべての３〜５歳児の保育料の負担がなくなった。

2節. 社会福祉の実施機関

　社会福祉行政の実際の運営も，国，都道府県，市町村の３層構造で行われる。しかし，実際の社会福祉の運営は，住民により身近な市町村で実施される場合が多い。都道府県は市町村を超えた広域的に展開する必要がある福祉行政，国は全国統一となる法律の制定や制度の創設が中心業務となる。

1──国の行政機関

　社会福祉に関する国の行政機関は，2001年の中央省庁再編により誕生した厚生労働省であり，社会福祉を担当している部局は雇用均等・児童家庭局，社会・援護局，老健局の３局と障害保健福祉部がある。

　厚生労働省の附属機関として様々な審議会等が設置されているが，このうち社会福祉に関する政策的な審議を行うものとして社会保障審議会がある。同審議会では，年金・医療保険の社会保障から社会福祉の分野まで総合的な審議が行えるようになっている。

　国は，社会福祉に関する企画，立案，助言，助成，生活保護や特別障害者手当等の経済的給付，社会福祉士および介護福祉士・精神保健福祉士・保育士などの資格制度等，全国的に統一して定めて実施することが求められる事務や各種の福祉計画など，全国的視点から施策の推進が求められる事業を推進する役割を担っている。

2──地方公共団体の行政機関

　都道府県には，知事の事務部局として民生部，福祉部，保健福祉部等の部が条例で設置されている。部内には，社会福祉課，児童福祉課，老人福祉課，介護保険課などの課が設けられているが，課の名称は都道府県ごとに異なる。これらの本庁では，市町村間の社会福祉に関する連絡調整をはじめ，社会福祉法人の認可，社会福祉施設の設置の認可，介護保険法や障害者総合支援法に基づく事業者指定などの個別の市町村を超えた広域にわたる事務を行っている。なお，指定都市や中核市は都道府県とほぼ同じ権限が付与されている。さらに，都道府県の出先の行政機関として，第一線で福祉の現業を行う福祉事務所，児

童相談所，身体障害者更生相談所，知的障害者更生相談所および婦人相談所が
置かれている。

　都道府県には，社会福祉に関する事項を調整審議するために社会福祉法に基
づき，地方社会福祉審議会を設置することになっている。地方社会福祉審議会
は，知事や市長の諮問に答申し，関係行政庁に対して意見具申を行うことがで
きる。児童福祉に関しては，児童福祉法に基づき，児童，妊産婦および知的障
害者の福祉に関する事項を調査審議するため，児童福祉審議会を置くこととさ
れている（児童福祉法第8条）。

　社会福祉行政において都道府県の役割は，圏域の福祉サービスの基盤整備や，
各種相談所を設置し専門的な視点から市町村を支援する役割を担っている。

　市町村には，市町村長の事務部局に社会福祉行政を担当する児童福祉課，社
会福祉課，保健福祉課等の課が条例で設置されている。市町村は住民に最も身
近な存在として，福祉サービスの提供主体として多くの役割を担っている。

3──社会福祉の第一線機関

　社会福祉行政は，市町村の児童福祉課，障害福祉課など個別の課で運営され
ているが，それとは別に福祉行政に個別特化した専門機関が設置されている。
　ここでは社会福祉行政の第一線機関としての福祉事務所，児童相談所，身体
障害者更生相談所，知的障害者更生相談所，婦人相談所について解説する。

(1) 福祉事務所

　福祉事務所は国や地方自治体が行う社会福祉サービスについての第一線の相
談機関である。福祉事務所は，社会福祉法第14条に基づき，都道府県および市
（特別区を含む）に設置が義務づけられており，町村は都道府県知事の同意を得
て任意に設置することができる。

　都道府県の設置する福祉事務所は，福祉事務所を設置していない町村を管轄
地域として生活保護法，児童福祉法，母子及び父子並びに寡婦福祉法に定める
援護，育成または更生の措置に関する事務のうち，都道府県が処理することと
される事務を行う。児童福祉関係では，児童相談所と連携して児童および妊産
婦の福祉に関する相談に応じ，調査，指導を行っている。

　福祉事務所には，社会福祉主事の配置が義務づけられている（町村は任意設

置）。社会福祉主事とは，社会福祉業務を行うための専門職員である。この社会福祉主事として任用されるためには「社会福祉主事任用資格」を取得するとともに，地方公務員試験に合格し，福祉事務所に配属される必要がある。

　なお，社会福祉主事任用資格を取得するには指定養成機関を修了するなど，様々な方法があるが，大学または短期大学において，厚生労働大臣が指定する社会福祉に関する科目から3科目以上を修めて卒業した場合も認められる。

　福祉事務所において，社会福祉主事は現業員（ケースワーカー），または査察指導員（スーパーバイザー）として業務を行うこととなる。

①現業員（ケースワーカー）

　生活保護の担当者である。経済的困窮状況にあり，福祉事務所に相談に訪れた人の相談に乗り，生活保護申請書の受付を行い，必要な資産調査を行う。生活保護が決定した場合は，世帯の担当となり，自立支援や生活支援のための指導や援助を行う。具体的には家庭などを訪問し，生活状況を把握し，職業安定所（ハローワーク）などで仕事を探したり，病気治療や子どもの養育など生活面の問題を解決できるような情報提供を行ったりする。

②査察指導員（スーパーバイザー）

　現業員（ケースワーカー）のスーパーバイザー（管理・監督者）として指導，助言を行い，業務全体の進行管理を行う。社会福祉事業法（現在の社会福祉法）に基づき，7名の現業員につき1名の査察指導員の配置が標準数とされている。

（2）児童相談所

　児童相談所は，児童の養育，保護，育成などについての相談にあたる第一線の相談・判定機関である。児童福祉法第12条に基づき都道府県および政令指定都市に設置が義務づけられている（中核市は任意設置）。

　業務としては，児童やその保護者，学校，市町村や警察などから寄せられる養護相談，非行相談，障害相談など児童のあらゆる問題に応じ，必要な調査，医学的・心理学的・教育学的などの面からの判定等を行っている。調査判定の結果によって，児童養護施設や児童自立支援施設などの児童福祉施設への入所決定を行うなどの業務を行っている。

　また，近年は児童虐待通告が増加したことを受け，児童虐待への対応が業務の大半を占めるようになった。児童相談所は虐待通告の受理，調査，立入調査

などを行う。また，虐待など緊急に児童の保護が必要な場合には保護者の同意が不要である一時保護も行えることになっている。

　児童相談所には，これらの業務を担うため，児童福祉司，児童心理司，医師，弁護士等が配置されている。このうち，児童相談や児童虐待への対応などを中心的に担うのは児童福祉司である。

　児童福祉司は，児童相談所長が定める担当区域により，児童の保護その他児童の福祉に関する事項について相談に応じ，専門的技術に基づいて必要な指導を行うケースワーカーの一種である。近年，児童虐待対応など高い専門性が求められるようになったため，任用資格要件が厳格になっている（児童福祉法第13条第3項第2号）。

(3) 身体障害者更生相談所

　身体障害者更生相談所は，身体障害者の援護の実施に必要な市町村間の連絡調整，専門的な知識および技術を必要とする相談への対応，医学的・心理学的および職能的判定，補装具の処方および適合判定などの事務の他，市町村が障害者総合支援法による介護給付費の支給決定を行う際に意見を述べるなどの業務を行い，市町村の事務を支援している。身体障害者福祉法第11条に基づき都道府県に設置が義務づけられ，政令指定都市は任意設置となっている。

(4) 知的障害者更生相談所

　知的障害者更生相談所は，身体障害者更生相談所と同様に知的障害者福祉に関する市町村間の連絡調整，介護給付費の支給決定を行う際に意見を述べるなどの業務を行う他，知的障害者の問題について家庭やその他からの相談に応じるとともに，医学的・心理学的および職能的判定を行い，市町村の事務を支援している。知的障害者福祉法第12条に基づき都道府県に設置が義務づけられている。

(5) 婦人相談所

　婦人相談所は，都道府県，政令指定都市が設置主体となり，全国に設置されている。売春防止法第34条に基づき設置された機関だが，近年はドメスティック・バイオレンス（DV）を理由とした相談，保護が多くなっている。業務としては，各種相談，調査，判定や一時保護などの措置，就労，社会福祉施設等の活用の支援等を行う。

　これらの業務を行うため，婦人相談員，心理判定員等が配置されている。婦人相談員は原則，非常勤の地方公務員であるが，常勤職員も配置されている。婦人相談員は資格は必要ないが，任命要件として，社会的な信望があり，かつ要保護女子の発見，相談，指導などの職務を行うのに必要な熱意と識見をもっている者のうちから，都道府県知事または市長が任命する，となっている。

 研究課題

　あなたの住む地域の都道府県と市役所または町村役場（以下「役所」という。）の福祉機関について調べてみよう（ホームページ，役所の発行する広報で確認できます。確認できない事項は直接役所に問い合わせてみてください）。
1．役所内の部署である「児童福祉担当課」「障害福祉担当課」「保健センター（保健所）」の名称，業務，場所につい調べてみよう。
2．児童相談所，婦人相談所，福祉事務所の名称，業務，場所について調べてみよう。

推薦図書

●井手英策（2017）．財政から読みとく日本社会――君たちの未来のために．岩波書店．
●平岡和久（2020）．人口減少と危機のなかの地方行財政――自治拡充型福祉国家を求めて．自治体研究社．

第**5**章
社会福祉施設

①節. 社会福祉施設とは

　社会福祉施設とは，高齢者，子どもや障害のある人，生活に困窮している人に福祉サービスを提供する施設であり，これらの人が自立してその能力を発揮できるよう，必要な日常生活の支援，技術の指導などを行うことを目的としている。社会福祉施設をそれぞれの法体系ごとに分類すると，保護施設（生活保護法），老人福祉施設（老人福祉法），障害者支援施設（障害者総合支援法），婦人保護施設（売春防止法および配偶者からの暴力の防止及び被害者の保護等に関する法律），児童福祉施設（児童福祉法他），母子・父子福祉施設（母子及び父子並びに寡婦福祉法），その他の社会福祉施設となる。

　社会福祉を目的とする事業のうち，社会福祉施設を経営する事業等，規制と助成を通じて公明かつ適正な実施の確保が図られなければならないものを社会福祉事業という。社会福祉事業は，経営主体等の規制があり，都道府県知事等による指導監督がある。そのため，社会福祉法第2条において第1種社会福祉事業と第2種社会福祉事業に分類されて，列挙されている。

　第1種社会福祉事業とは，利用者への影響が大きいため，経営安定を通じた利用者の保護の必要性が高い事業である。主として入所施設サービスが該当す

表5-1　第1種社会福祉事業

• 生活保護法に規定する救護施設，更生施設
• 生計困難者を無料または低額な料金で入所させて生活の扶助を行う施設
• 生計困難者に対して助葬を行う事業
• 老人福祉法に規定する養護老人ホーム，特別養護老人ホーム，軽費老人ホーム
• 障害者総合支援法に規定する障害者支援施設
• 売春防止法に規定する婦人保護施設
• 授産施設
• 生計困難者に無利子または低利で資金を融通する事業
• 共同募金を行う事業

出所：筆者作成。

る。経営主体は，原則として行政および社会福祉法人であり，施設を設置して第1種社会福祉事業を経営しようとするときは，都道府県知事等への届出が必要となる。その他の者が第1種社会福祉事業を経営しようとするときは，都道府県知事等の許可を得ることが必要になる。法律により，保護施設，養護老人ホーム，特別養護老人ホームの経営主体は行政および社会福祉法人に限定されている。

　児童福祉法で規定される第1種社会福祉事業は，乳児院，母子生活支援施設，児童養護施設，障害児入所施設，児童心理治療施設，児童自立支援施設を経営する事業である。社会福祉法で規定されているその他の第1種社会福祉事業は表5-1の通りである。

　第2種社会福祉事業とは，比較的利用者への影響が小さいため，公的規制の必要性が低い事業である。主として在宅サービスが該当する。経営主体に制限はなく，届出をすることにより事業経営が可能となる。児童福祉法で規定される第2種社会福祉事業は，障害児通所支援事業，障害児相談支援事業，児童自立生活援助事業，放課後児童健全育成事業，子育て短期支援事業，乳児家庭全戸訪問事業，養育支援訪問事業，地域子育て支援拠点事業，一時預かり事業，小規模住居型児童養育事業，小規模保育事業，病児保育事業又は子育て援助活動支援事業，助産施設，保育所，児童厚生施設，児童家庭支援センターを経営する事業，児童の福祉の増進について相談に応ずる事業などがある。

　「就学前の子どもに関する教育，保育等の総合的な提供の推進に関する法律」で，幼保連携型認定こども園を経営する事業が規定されている。また，「母子及び父子並びに寡婦福祉法」で，母子家庭日常生活支援事業，父子家庭日常生

活支援事業，寡婦日常生活支援事業，および母子・父子福祉施設を経営する事業が規定されている。このように保育所や幼保連携型認定こども園は，第2種社会福祉事業に位置づけられている。

 節. 社会福祉施設の運営・利用

1──社会福祉施設の運営費

社会福祉施設の運営は，措置権者（援護の実施機関）が要援護者を社会福祉施設へ入所させるなどの措置に基づき支弁される「措置費」により運営されるものと，福祉サービスの利用者と福祉サービスを提供する施設との契約に基づく利用契約制度による「介護報酬」，「介護給付費（自立支援給付）」，「施設型給付費」，「地域型保育給付費」等により運営されるものがある。表5-2は措置および措置委託された人数に応じて支弁される施設の運営に必要な費用の公費の負担割合を示している。

利用契約の場合，保育所を例にとると，2015年度より，「子ども・子育て支援新制度」が始まり，財政支援の制度として「施設型給付」が創設される。施設型給付の額は，内閣総理大臣が定めた子ども一人あたりの教育・保育に通常要する費用（公定価格）から，国の定める範囲内で市町村が定めた利用者負担額を差し引いた額となる。給付については，利用者への個人給付を基礎としているが，確実に保育に要する費用にあてるため，各施設が利用者に代わり受領するという「法定代理受領」の仕組みをとっている。認定こども園，幼稚園も「施設型給付」による同様の仕組みである（図5-1）。また，小規模保育事業，家庭的保育事業，事業所内保育事業，居宅訪問型保育事業は，児童福祉法によって市町村による認可事業（地域型保育事業）に位置づけられ，「地域型保育給付」による財政支援を受けることができる。

母子生活支援施設や助産施設には，給付という仕組みはないが，地方公共団体は，利用者が選択した施設に対しサービス提供を委託し，母子保護や助産の実施に要した費用を支弁する。

表5-2　社会福祉施設の措置費の負担割合

施設種別	措置権者 （注1）	入所先施設 の区分	措置費 支弁者 （注1）	費用負担			
				国	都道府県 指定都市 中核市 児童相談所 設置市	市	町村
保護施設	知事・指定都市長・中核市長	都道府県立施設 市町村立施設 私設施設	都道府県・指定都市・中核市	3/4	1/4	—	—
	市長（注2）		市	3/4	—	1/4	—
老人福祉施設	市町村長	都道府県立施設 市町村立施設 私設施設	市町村	—	—		10/10（注4）
婦人保護施設	知事	都道府県立施設 市町村立施設 私設施設	都道府県	5/10	5/10	—	—
児童福祉施設（注3）	知事・指定都市市長・児童相談所設置市市長	都道府県立施設 市町村立施設 私設施設	都道府県・指定都市・児童相談所設置市	1/2	1/2	—	—
母子生活支援施設 助産施設	市長（注2）	都道府県立施設	都道府県	1/2	1/2	—	—
		市町村立施設 私設施設	市	1/2	1/4	1/4	
	知事・指定都市市長・中核市市長・児童相談所設置市市長	都道府県立施設 市町村立施設 私設施設	都道府県・指定都市・中核市・児童相談所設置市	1/2	1/2	—	—
保育所 幼保連携型認定こども園 小規模保育事業（所）（注6）	市町村長	私設施設	市町村	1/2	1/4 （注7）	1/4	
身体障害者社会参加支援施設（注5）	知事・指定都市市長・中核市市長	都道府県立施設 市町村立施設 私設施設	都道府県・指定都市・中核市	5/10	5/10	—	—
	市町村長		市町村	5/10	—		5/10

注：1）母子生活支援施設，助産施設及び保育所は，児童福祉法が一部改正されたことに伴い，従来の措置（行政処分）がそれぞれ母子保護の実施，助産の実施及び保育の実施（公法上の利用契約関係）に改められた。

　　2）福祉事務所を設置している町村の長を含む。福祉事務所を設置している町村の長の場合，措置費支弁者及び費用負担は町村となり，負担割合は市の場合と同じ。

　　3）小規模住居型児童養育事業所，児童自立生活援助事業所を含み，保育所，母子生活支援施設，助産施設を除いた児童福祉施設。

　　4）老人福祉施設については，2005年度より養護老人ホーム等保護費負担金が廃止・税源移譲されたことに伴い，措置費の費用負担はすべて市町村（指定都市，中核市含む）において行っている。

　　5）改正前の身体障害者福祉法に基づく「身体障害者更生援護施設」は，障害者自立支援法の施行に伴い，2006年10月より「身体障害者社会参加支援施設」となった。

　　6）子ども子育て関連三法により，2015年4月1日より，幼保連携型認定こども園及び小規模保育事業も対象とされた。また，私立保育所を除く施設・事業に対しては利用者への施設型給付及び地域型保育給付（個人給付）を法定代理受領する形に改められた。

　　7）指定都市・中核市は除く。

出所：厚生労働省（2022），p.201. をもとに作成。

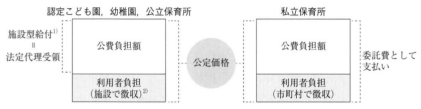

図5-1 保育所の運営費の仕組み

注:1) 地域型保育給付についても,施設型給付の基本構造と同じ。
　　2) 公立保育所の場合は市町村へ支払う。
出所:内閣府・文部科学省・厚生労働省(2015).をもとに作成。

2——社会福祉施設の利用

　措置の場合,地方公共団体は対象者の入所措置を社会福祉施設に委託する。この場合,本人からの申請がなくても,職権をもって救済や福祉サービスにつなげることができる。施設は入所措置を受託した対象者に福祉サービスを提供する。本人や扶養義務者には,負担能力に応じた費用徴収がある。

　利用契約の場合,保育所を例にとると,利用者が市町村に「保育の必要性」の認定を申請し,市町村から認定証の交付を受け,利用希望の申し込みを行う。利用者の希望,定員の空き状況などに応じ,保育の必要性の程度をふまえながら市町村が利用調整を行う。利用先(事業者)が決定した後,利用契約を結ぶ。利用者負担は,世帯の所得の状況やその他の事情を考慮しながら,国が定める水準を限度として,市町村が定めた額を保育料として払うことになる。

3——費用負担の考え方

　社会福祉施設(福祉サービス)を利用した場合,利用者の費用負担は,利用者がその費用の一部を負担する制度となっている。利用者が費用負担をする理由として,社会福祉施設の運営には公費(税金)も使われており,福祉サービスを利用する人と利用しない人との公平を図る必要があること,限られた社会資源の効率的な配分と利用を図る必要があること,費用負担をすることで利用目的意識を高めるとともに費用意識を喚起することにつながることなどがあげられる。費用負担の考え方として,応益負担と応能負担がある。

（1）応益負担

　利用した社会福祉施設の経費の一定割合を負担額とする方法である。利用したサービス量に負担額が比例するという点では，負担について公平性も保つことができる。一方で，低所得者には負担額が重くなり，高額所得者には軽くなるという特徴がある。障害者総合支援法の障害福祉サービスや介護保険制度による介護サービスの利用者負担は原則応益負担である。しかし，障害者総合支援法の障害福祉サービスを利用した際の利用者負担は，原則として１割となっている。ただし，世帯ごとの前年の収入に応じて（応能負担），負担額の月額上限が定められおり，その金額以上の自己負担は生じないようになっている。介護保険制度では，自己負担の割合は１割から３割となっている。

（2）応能負担

　利用した社会福祉施設に関係なく，利用者や扶養義務者の所得の多寡による負担能力に応じた負担額となる。低所得者の負担は軽くなり，高額所得者の負担は重くなる。保育所の利用者負担は応能負担である。

3節 児童福祉法で規定されている社会福祉施設（児童福祉施設）

1 ── 助産施設（第36条）

　「保健上必要があるにもかかわらず，経済的理由により，入院助産を受けることができない妊産婦を入所させて，助産を受けさせることを目的とする施設」である。

　経済的理由とは，所得が一定以下（生活保護受給世帯，市町村民税非課税世帯など）ということである。指定された助産施設（産科病院や助産所）に入所して，助産を受けることができる。利用を希望する場合は，住んでいる地域の福祉事務所（都道府県，市町村）へ申請する。世帯の所得に応じた費用負担がある。

2 ── 乳児院（第37条）

　「乳児（保健上，安定した生活環境の確保その他の理由により特に必要のある場合には，幼児を含む。）を入院させて，これを養育し，あわせて退院した者につい

て相談その他の援助を行うことを目的とする施設」である。

　保護者の病気や母親の出産，家族関係，経済的理由などの事情により，家庭
での養育ができないとき，乳幼児を預かり，専門のスタッフによる養育を行う。
退所後の相談や育児相談，短期間の利用（ショートステイ）などの子育て支援も
行う。利用するためには，住んでいる地域の児童相談所に相談する。世帯の所
得に応じた費用負担がある。

3 ── 母子生活支援施設（第38条）

　「配偶者のない女子又はこれに準ずる事情にある女子及びその者の監護すべ
き児童を入所させて，これらの者を保護するとともに，これらの者の自立の促
進のためにその生活を支援し，あわせて退所した者について相談その他の援助
を行うことを目的とする施設」である。

　離婚等により生活や子どもの養育が困難となった，18歳未満の子どものいる
母子家庭が対象である。何らかの理由で離婚ができない場合も含まれる。母子
が一緒に生活できる住居の提供，自立を支援するための就労，家庭生活・児童
の教育等に関する相談や助言，ドメスティック・バイオレンス（DV）の被害者
の一時保護や相談を行う。利用を希望する場合は，住んでいる地域の福祉事務
所（都道府県，市区町村）へ申請する。世帯の所得に応じた負担がある。また，
光熱水費については実費負担となる。

4 ── 保育所（第39条）

　「保育を必要とする乳児・幼児を日々保護者の下から通わせて保育を行うこ
とを目的とする施設（利用定員が20人以上であるものに限り，幼保連携型認定こど
も園を除く。）」である。

　保護者が働いている，保護者が病気であるなどの理由により，家庭において
十分な保育が受けられない乳幼児を預かり，保護者に代わって保育を行う。養
護と教育が一体的に行われる。利用者や地域の子育て家庭のために，育児相談
も行っている。利用者のニーズに対応した延長保育や夜間保育などの保育サー
ビスも行っている。

5 ──幼保連携型認定こども園（第39条の2）

　「義務教育及びその後の教育の基礎を培うものとしての満3歳以上の幼児に対する教育（教育基本法第6条第1項に規定する法律に定める学校において行われる教育をいう。）及び保育を必要とする乳児・幼児に対する保育を一体的に行い，これらの乳児又は幼児の健やかな成長が図られるよう適当な環境を与えて，その心身の発達を助長することを目的とする施設」である。

　幼保連携型認定こども園教育・保育要領をふまえて教育・保育を一体的に行う施設で，幼稚園と保育所の両方の良さを併せ持っている施設である。就学前の子どもに幼児教育および保育を提供する機能と，地域における子育て支援を行う機能の両方を備えている。利用手続きは，3歳以上で教育のみを希望する場合（1号認定に該当）は，園に直接申し込みを行う。3歳以上で教育・保育の両方を希望する場合（2号認定に該当）や3歳未満で保育を希望する場合（3号認定に該当）は，市町村に保育の必要性の認定の申請および利用希望施設の申し込みを行う。児童の年齢や世帯の所得，世帯構成などに応じた負担がある。

6 ──児童厚生施設（第40条）

　「児童遊園，児童館等児童に健全な遊びを与えて，その健康を増進し，又は情操をゆたかにすることを目的とする施設」である。

　児童遊園は，広場，遊具，トイレ等が設置され，児童の遊びを指導する者（児童厚生員）が児童の遊びの指導にあたる。児童館も，児童厚生員が，遊びを通じての集団的・個別的指導，健康の増進，放課後児童の育成・指導，母親クラブなどの地域組織活動の育成・助長，年長児童の育成・指導，子育て家庭への相談などを行う。児童福祉施設の中で，唯一，子どもの意志で自由に利用することができる施設であり，課題の早期発見や発生予防的な福祉機能も果たしている。無料で利用できる。

7 ──児童養護施設（第41条）

　「保護者のない児童（乳児を除く。ただし，安定した生活環境の確保その他の理由により特に必要のある場合には，乳児を含む。以下この条において同じ。），虐待さ

れている児童その他環境上養護を要する児童を入所させて，これを養護し，あわせて退所した者に対する相談その他の自立のための援助を行うことを目的とする施設」である。

　施設では，できるだけ家庭的な生活の場における養護を行う。親の病気などの理由により一時的に家庭での養育が困難となった児童を預かる子育て短期支援事業（ショートステイ，トワイライトステイ）や施設を退所した児童に対する相談その他の自立のための援助も行う。利用するためには，住んでいる地域の児童相談所に相談する。世帯の所得に応じた費用負担がある。

8 ── 障害児入所施設（第42条）

　障害のある児童を入所させて，「福祉型障害児入所施設」は，「保護，日常生活の指導及び独立自活に必要な知識技能の付与」，「医療型障害児入所施設」は，「保護，日常生活の指導，独立自活に必要な知識技能の付与及び治療」などの支援を行うことを目的とする施設である。

　福祉型障害児入所施設では，①食事，排せつ，入浴等の介護，②日常生活上の相談支援，助言，③身体能力，日常生活能力の維持・向上のための訓練，③レクリエーション活動等の社会参加活動支援，④コミュニケーション支援を行う。

　医療型障害児入所施設では，①疾病の治療，②看護，③医学的管理の下における食事，排せつ，入浴等の介護，④日常生活上の相談支援，助言，⑤身体能力，日常生活能力の維持・向上のための訓練，⑥レクリエーション活動等の社会参加活動支援，⑦コミュニケーション支援を行う。利用するためには，住んでいる地域の児童相談所に相談する。世帯の所得に応じた費用負担がある。その他に，食費，光熱水費，日常生活用品の費用などが必要となる。

9 ── 児童発達支援センター（第43条）

　障害のある児童を日々保護者の下から通わせて，「福祉型児童発達支援センター」は，「日常生活における基本的動作の指導，独立自活に必要な知識技能の付与又は集団生活への適応のための訓練」の支援を提供することを目的とする施設である。また「医療型児童発達支援センター」は，「日常生活における基

本的動作の指導，独立自活に必要な知識技能の付与又は集団生活への適応のための訓練及び治療」の支援を提供することを目的とする施設である。

　福祉型児童発達支援センターでは，①日常生活における基本的な動作の指導，知識技能の付与，集団生活への適応訓練など（児童発達支援），②授業の終了後または休業日に，通所による，生活能力の向上のための必要な訓練，社会との交流の促進など（放課後等デイサービス），③保育所など児童が集団生活を営む施設等に通う障害のある児童について，その施設を訪問し，集団生活への適応のための専門的な支援など（保育所等訪問支援）を行う。医療型児童発達支援センターでは，上肢，下肢または体幹の機能の障害のある児童に対する児童発達支援及び治療（医療型児童発達支援）を行う。利用を希望する場合は，住んでいる市町村に申請する。世帯の所得に応じた費用負担がある。

　なお2022年6月児童福祉法等の一部を改正する法律が成立し，児童発達支援センターが地域における障害児支援の中核的役割を担うことの明確化や，障害種別にかかわらず障害のある子どもを支援できるよう児童発達支援の類型（福祉型，医療型）の一元化を行うことが示された。施行は2024年4月1日からである。

10——児童心理治療施設（第43条の2）

　「家庭環境，学校における交友関係その他の環境上の理由により社会生活への適応が困難となつた児童を，短期間，入所させ，又は保護者の下から通わせて，社会生活に適応するために必要な心理に関する治療及び生活指導を主として行い，あわせて退所した者について相談その他の援助を行うことを目的とする施設」である。

　心理的困難や苦しみを抱え，日常生活に生きづらさを感じている軽度の情緒障害のある児童を対象として，①集団生活により児童の状況の改善や心理治療によって，成長・発達と自立を支援，②社会的適応能力の回復を図り，退所後に健全な社会生活を営むための心理療法や生活指導，③心を癒す体験を通して，健全な社会生活を営むための治療，④家庭の状況に応じ，親子関係の緊張を緩和し，親子関係の再構築などを図るための家庭環境の調整などを行う。利用するためには，住んでいる地域の児童相談所に相談する。世帯の所得に応じた費

用負担がある。

11──児童自立支援施設（第44条）

「不良行為をなし，又はなすおそれのある児童及び家庭環境その他の環境上の理由により生活指導等を要する児童を入所させ，又は保護者の下から通わせて，個々の児童の状況に応じて必要な指導を行い，その自立を支援し，あわせて退所した者について相談その他の援助を行うことを目的とする施設」である。

児童の心身の健やかな成長とその自立を支援するため，①安定した生活環境を整えるとともに，個々の児童の適性，能力やその家庭の状況などを考慮した自立支援計画の策定，児童の主体性を尊重した生活指導，学習指導，職業指導および家庭環境の調整を行いながらの養育や心理的ケア，②自主性の尊重，基本的生活習慣の確立，豊かな人間性・社会性の形成，将来の自立生活のための必要な知識経験の獲得のための指導，③学校教育法の規定による学習指導要領を準用した指導，④勤労の基礎的な能力・態度の育成，適性，能力などに応じた職業選択のための相談などの支援，⑤家庭の状況に応じた親子関係の再構築などを行う。保護者からの相談，学校・警察署からの通告を受けた児童について，必要と認められた場合に都道府県知事（児童相談所長）が入所措置の決定を行う。家庭裁判所での審判により送致されることもある。世帯の所得に応じた費用負担がある。

12──児童家庭支援センター（第44条の2）

「地域の児童の福祉に関する各般の問題につき，児童に関する家庭その他からの相談のうち，専門的な知識及び技術を必要とするものに応じ，必要な助言を行うとともに，市町村の求めに応じ，技術的助言その他必要な援助を行うほか，第26条第1項第2号及び第27条第1項第2号の規定による指導を行い，あわせて児童相談所，児童福祉施設等との連絡調整その他内閣府令の定める援助を総合的に行うことを目的とする施設」である。

子ども，家庭，地域住民を対象に，①地域の子どもに関する様々な問題について，家庭その他からの相談のうち，専門的な知識および技術を必要とするものに対する助言，②市町村からの依頼に応じて，乳幼児健診，家庭訪問事業な

どへの職員派遣，教員研修への講師派遣，③児童相談所に定期的に通所することが地理的に困難な子どもや，定期的な訪問が困難な子ども，施設を退所後間もない家庭を対象に児童相談所より委託された相談援助，④里親やファミリーホームの相談への対応や必要な支援，⑤各連携機関の会議や連絡会への参加，情報交換，連絡調整や要保護児童のケースカンファレンスや情報交換などを行う。電話や来所などにより直接相談をすることができる。無料で利用できる。

 研究課題 ─────────────────────────────

1．児童福祉施設を利用するための手続きについて調べてみよう。
2．地域の児童福祉施設にはどのような施設があるか調べてみよう。

 推薦図書 ─────────────────────────────

●石井光太（2022）．漂流児童──福祉施設に関わる子供たち．潮出版社.
●本庄豊（2023）．児童福祉の戦後史──孤児院から児童養護施設へ．吉川弘文館.

第**6**章
社会福祉の専門職

1節. 社会福祉従事者

　表6-1は施設の種類別にみた職種別常勤換算従事者数である。表の一番左の列をみると社会福祉施設で働くさまざまな職種が掲載されている。それぞれが社会福祉の専門職である。社会福祉のニーズが高まり社会福祉施策が拡充され，多様な福祉サービスが提供されるようになるとともに，社会福祉施設の従事者数は増加している。1990年には約60万人であったが，表6-1が示すように2020年には120万人を超えている。このうち保育士として働いている者の数は従事者数全体の約33％を占めている。

　児童福祉施設で働く職員について，「児童福祉施設の設備及び運営に関する基準」では以下のように規定している。このうち児童生活支援員，児童の遊びを指導する者（児童厚生員），母子支援員は保育士の資格を有する者も該当する。

①助産施設（第2種）：医療法に規定する職員，1人以上の専任または嘱託の助産師。なお，第2種助産施設とは，助産所のことである。第1種助産施設とは，病院や診療所が該当する。助産施設では，入院助産を受ける必要があるにもかかわらず，経済的な理由により入院助産を受けることが難しい妊産婦が入院し，助産を受けることができる。

表6-1　施設の種類別にみた職種別常勤換算従事者数

（単位：人）　　　　　　　　　　　　　　　　　　　　　　　　　　　　　　　2020年10月1日現在

	総数	1)保護施設	1)老人福祉施設	障害者支援施設等	婦人保護施設	1)児童福祉施設（保育所等・地域型保育事業を除く）	2)保育所等	地域型保育事業	母子・父子福祉施設	有料老人ホーム（サービス付き高齢者向け住宅以外）
総数	1,209,999	6,353	39,598	108,689	373	87,622	691,834	56,429	225	218,875
施設長・園長・管理者	57,145	213	2,381	3,875	29	4,530	28,892	5,827	18	11,379
サービス管理責任者	4,035	…	…	4,035	…	…	…	…	…	…
生活指導・支援員等 3)	92,175	799	4,324	63,182	149	14,996	…	…	4	8,721
職業・作業指導員	3,888	64	117	2,621	13	501	…	…	2	570
セラピスト	6,981	6	141	1,034	7	3,560	…	…	–	2,233
理学療法士	2,507	2	42	535		1,025				903
作業療法士	1,659	2	34	347		835				441
その他の療法員	2,816	2	65	152	7	1,700				889
心理・職能判定員	49	…	…	49						
医師・歯科医師	3,268	25	130	322	4	1,297	1,245	166	0	79
保健師・助産師・看護師	53,543	444	2,533	5,429	23	11,337	12,521	779	…	20,477
精神保健福祉士	1,358	86	15	1,005	1	…	…	…	…	251
保育士	403,632	…	…	…		19,248	382,375	2,001	8	…
保育補助者	26,489					…	26,408	81		…
保育教諭 4)	116,319						116,319	・		
うち保育士資格保有者	106,901						106,901			
保育従事者 5)	33,604					…		33,604		
うち保育士資格保有者	31,347							31,347		
家庭的保育者 5)	1,327							1,327		
うち保育士資格保有者	1,015							1,015		
家庭的保育補助者 5)	779							779		
居宅訪問型保育者 5)	112							112		
うち保育士資格保有者	89							89		
児童生活支援員	641					641			–	
児童厚生員	10,857					10,857			–	
母子支援員	706					706			–	
介護職員	166,734	3,250	18,020	11,822	2	…	…	…	…	133,640
栄養士	33,446	201	2,101	2,428	19	1,545	23,499	1,934	–	1,718
調理員	86,291	559	4,846	4,976	50	4,062	53,615	4,069	3	14,111
事務員	40,604	438	2,778	5,103	43	3,938	17,098	1,054	78	10,075
児童発達支援管理責任者	1,238					1,238				
その他の教諭 6)	4,901						4,901			
その他の職員 7)	59,877	268	2,211	2,807	35	9,166	24,961	4,696	111	15,621

注：厚生労働省政策統括官付参事官付社会統計室「社会福祉施設等調査」
　　従事者数は常勤換算従事者数であり，小数点以下第1位を四捨五入している。
　　従事者数は詳細票により調査した職種についてのものであり，調査した職種以外は「…」とした。
　1）保護施設には医療保護施設，老人福祉施設には老人福祉センター（特A型，A型，B型），児童福祉施設（保育所等・地域型保育事業を除く）には助産施設，児童家庭支援センター及び児童遊園をそれぞれ含まない。
　2）保育所等は，幼保連携型認定こども園，保育所型認定こども園及び保育所，地域型保育事業所は小規模保育事業所A型，小規模保育事業所B型，小規模保育事業所C型，家庭的保育事業所，居宅訪問型保育事業所及び事業所内保育事業所である。
　3）生活指導・支援員等には，生活指導員，生活相談員，生活支援員，児童指導員及び児童自立支援専門員を含むが，保護施設及び婦人保護施設は生活指導員のみである。
　4）保育教諭には主幹保育教諭，指導保育教諭，助保育教諭及び講師を含む。また，就学前の子どもに関する教育，保育等の総合的な提供の推進に関する法律の一部を改正する法律（平成24年法律第66号）附則にある保育教諭の資格の特例のため，保育士資格を有さない者を含む。
　5）保育従事者，家庭的保育者，家庭的保育補助者及び居宅訪問型保育者は地域型保育事業所の従事者である。なお，保育士資格を有さない者を含む。
　6）その他の教諭は，就学前の子どもに関する教育，保育等の総合的な提供の推進に関する法律（平成18年法律第77号）第14条に基づき採用されている，園長及び保育教諭（主幹保育教諭，指導保育教諭，助保育教諭及び講師を含む）以外の教諭である。
　7）その他の職員には，幼保連携型認定こども園の教育・保育補助員及び養護教員（看護師等を除く）を含む。
出所：厚生労働省（2022），p.203.をもとに作成。

②乳児院：小児科の診療に相当の経験を有する医師または嘱託医，看護師（保育士または児童指導員をもってかえることができる），個別対応職員，家庭支援専門相談員，栄養士，調理員，心理療法担当職員（心理療法を行う必要があると認められる乳幼児またはその保護者10人以上に心理療法を行う場合）。

③母子生活支援施設：母子支援員，嘱託医，少年を指導する職員，調理員，心理療法担当職員（心理療法を行う必要があると認められる乳幼児またはその保護者10人以上に心理療法を行う場合）。

④保育所：保育士，嘱託医，調理員。

⑤児童厚生施設：児童の遊びを指導する者。

⑥児童養護施設：児童指導員，嘱託医，保育士，個別対応職員，家庭支援専門相談員，栄養士，調理員，看護師（乳児が入所している施設），心理療法担当職員（心理療法を行う必要があると認められる児童10人以上に心理療法を行う場合）。

⑦福祉型障害児入所施設：（主として知的障害児を入所させる施設および主として盲ろうあ児を入所させる施設は）嘱託医，児童指導員，保育士，栄養士，調理員，児童発達支援管理責任者。（主として自閉症児を入所させる施設は）先述の職員に加え，医師，看護職員。（主として肢体不自由児を入所させる施設は）先述の職員に加え，看護職員。また，いずれの施設も心理指導担当職員（心理指導を行う必要があると認められる児童5人以上に心理指導を行う場合），職業指導員（職業指導を行う場合）。

⑧医療型障害児入所施設：（自閉症児を入所させる施設は）医療法に規定する病院として必要な職員，児童指導員，保育士，児童発達支援管理責任者。（肢体不自由児を入所させる施設は）先述の職員に加え，理学療法士，作業療法士。（重症心身障害児を入所させる施設は）先述の職員に加え，理学療法士，作業療法士，心理指導を担当する職員。

⑨福祉型児童発達支援センター：嘱託医，児童指導員，保育士，栄養士，調理員，児童発達支援管理責任者，機能訓練担当職員（日常生活を営むのに必要な機能訓練を行う場合および重症心身障害児を通わせるセンター），言語聴覚士（難聴児を通わせるセンター），看護職員（日常生活および社会生活を営むために医療的ケアを恒常的に受けることが必要な障害児，重症心身障害児を通

わせるセンター）。

⑩医療型児童発達支援センター：医療法に規定する診療所として必要な職員，児童指導員，保育士，看護師，理学療法士，作業療法士，児童発達支援管理責任者。

⑪児童心理治療施設：医師，心理療法担当職員，児童指導員，保育士，看護師，個別対応職員，家庭支援専門相談員，栄養士，調理員。

⑫児童自立支援施設：児童自立支援専門員，児童生活支援員，嘱託医，精神科の診療に相当の経験を有する医師又は嘱託医，個別対応職員，家庭支援専門相談員，栄養士，調理員，心理療法担当職員（心理療法を行う必要があると認められる児童10人以上に心理療法を行う場合），職業指導員（実習設備を設けて職業指導を行う場合）。

⑬児童家庭支援センター：児童福祉法第44条の2第1項に規定する業務を担当する職員。児童家庭支援センターは，地域の児童の福祉に関する各般の問題につき，児童に関する家庭その他からの相談のうち，専門的な知識及び技術を必要とするものに応じ，必要な助言を行うとともに，市町村の求めに応じ，技術的助言その他必要な援助等を行う施設である。

❷節　社会福祉の専門職の専門性と倫理

1 ── 専門性とは

「福祉は人なり」といわれる。現在，わが国が直面している少子高齢化の問題は，人に支えられている福祉サービスの提供そのものの根幹を揺るがしかねない状況である。一方で，社会福祉が対応すべき課題は複雑多様化している。国民の福祉サービスに対する需要の増大や多様化が見込まれるとともに利用者本位の質の高い福祉サービスの提供が求められている。福祉人材の養成・確保は重要な課題であるが，人の量的拡大は質的低下を招く危険性もはらんでいる。

このような状況下で，社会福祉事業に従事する者は，みずからの専門性について考えることが常に求められている。社会福祉の専門性について，仲村（2003）は，子ども家庭福祉，高齢者福祉，障害者福祉などを狭義の社会福祉

（対人福祉サービス）とした上で，「その実践主体となるワーカーの側に，社会福祉の制度自体のもつ意味についての透徹した社会科学的理解，クライエントおよびその社会環境についての人間科学と社会科学に基づく深い理解を基礎において，対象を的確に個別化し，個別の状況にふさわしく制度の運用を図る専門的能力が要求されるのである」と述べている。

　このような専門性を備えた社会福祉事業に従事する者が専門職として社会的に認知されるための条件について，秋山（1988, 2007）は，内外の研究を検討して平均的な要因を抽出し，6条件にまとめている。それは，①体系的な理論，②伝達可能な技術，③公共の関心と福祉という目的，④専門職の組織化（専門職団体），⑤倫理綱領，⑥試験か学歴に基づく社会的承認，である。つまり，一定の理論に基づく技術，知識を有し，その技術や知識は親方の名人芸を弟子が勘を頼りに盗み取るようなものではなく，一定の教育と訓練によって体系的に習得できるものであること。専門職員が提供する福祉サービスは自己の利益のためではなく，公共の福祉につながるものであり，その職業は専門職団体（職能団体）として組織化され，その行動は倫理綱領を守ることによって，統一性が保たれていること。そして，専門職員になるためには，試験に合格するか一定の学歴を経ていることによって能力が実証され，社会的承認を得ていることが専門職として社会的に認知されるために求められる条件である。

2──倫　理

　専門職である条件の一つとして，専門職団体（職能団体）として倫理綱領をもち，それを構成員が守ることによって行動に統一性が保たれていることがあげられる。倫理綱領とは，専門職として行動する際の行動規範である。社会福祉の各専門職団体は，社会の中で専門職としてのみずからを確立するために，社会に向かってみずからの手で倫理綱領を掲げている。

　その中でみられる共通の原則は，民主社会の一員として基本的人権の感覚をしっかりと身につけ，クライエントとの関係においてはいうまでもなく，社会，所属の機関，同僚などとの関係において，常にみずからの責任を明らかにする行動をとるべきことを謳っている（仲村，2003）。保育士の専門職団体（職能団体）が全国保育士会である。全国保育士会も保育士資格の法定化（児童福祉法の

表6-2　全国保育士会倫理綱領

　すべての子どもは，豊かな愛情のなかで心身ともに健やかに育てられ，自ら伸びていく無限の可能性を持っています。
　私たちは，子どもが現在（いま）を幸せに生活し，未来（あす）を生きる力を育てる保育の仕事に誇りと責任をもって，自らの人間性と専門性の向上に努め，一人ひとりの子どもを心から尊重し，次のことを行います。

　　　　私たちは，子どもの育ちを支えます。
　　　　私たちは，保護者の子育てを支えます。
　　　　私たちは，子どもと子育てにやさしい社会をつくります。

（子どもの最善の利益の尊重）
１．私たちは，一人ひとりの子どもの最善の利益を第一に考え，保育を通してその福祉を積極的に増進するよう努めます。

（子どもの発達保障）
２．私たちは，養護と教育が一体となった保育を通して，一人ひとりの子どもが心身ともに健康，安全で情緒の安定した生活ができる環境を用意し，生きる喜びと力を育むことを基本として，その健やかな育ちを支えます。

（保護者との協力）
３．私たちは，子どもと保護者のおかれた状況や意向を受けとめ，保護者とより良い協力関係を築きながら，子どもの育ちや子育てを支えます。

（プライバシーの保護）
４．私たちは，一人ひとりのプライバシーを保護するため，保育を通して知り得た個人の情報や秘密を守ります。

（チームワークと自己評価）
５．私たちは，職場におけるチームワークや，関係する他の専門機関との連携を大切にします。
　また，自らの行う保育について，常に子どもの視点に立って自己評価を行い，保育の質の向上を図ります。

（利用者の代弁）
６．私たちは，日々の保育や子育て支援の活動を通して子どものニーズを受けとめ，子どもの立場に立ってそれを代弁します。
　また，子育てをしているすべての保護者のニーズを受けとめ，それを代弁していくことも重要な役割と考え，行動します。

（地域の子育て支援）
７．私たちは，地域の人々や関係機関とともに子育てを支援し，そのネットワークにより，地域で子どもを育てる環境づくりに努めます。

（専門職としての責務）
８．私たちは，研修や自己研鑽を通して，常に自らの人間性と専門性の向上に努め，専門職としての責務を果たします。

社会福祉法人　全国社会福祉協議会
全国保育協議会
全国保育士会

一部改正）を機に「全国保育士会倫理綱領」を定めている（表6-2）。

 節。社会福祉の専門資格

1──社会福祉主事（任用資格）

　第2次世界大戦後，（新）生活保護法（1950年），児童福祉法（1947年），身体障害者福祉法（1949年）が制定され，社会福祉事業の専門技術性が求められるようになり，都道府県や市町村の事務の専任職員として，社会福祉主事に関する身分法として「社会福祉主事に関する法律」が制定されたことに始まる。社会福祉の資格の中で最も古いものである。1951年に同法が廃止され，「社会福祉事業法（現在の社会福祉法）」に規定される。ここで「任用資格」とは，特定の職業や職位に就く際に必要になる資格のことである。社会福祉主事に任用されるための資格を「社会福祉主事任用資格」という。任用資格は取得するだけでは名乗ることはできない。任用資格を取得し，地方公務員試験に合格し，福祉事務所に配属されてはじめて「社会福祉主事」を名乗ることができる。

　都道府県の社会福祉主事は，都道府県の設置する福祉に関する事務所において，生活保護法，児童福祉法，母子及び父子並びに寡婦福祉法に定める援護又は育成の措置に関する事務を行うことを職務としている。市や町村の社会福祉主事は，市や町村に設置する福祉に関する事務所において，生活保護法，児童福祉法，母子及び父子並びに寡婦福祉法，老人福祉法，身体障害者福祉法，知的障害者福祉法に定める援護，育成または更生の措置に関する事務を行うことを職務としている。福祉事務所が設置されていない町村に置かれる社会福祉主事は，老人福祉法，身体障害者福祉法および知的障害者福祉法に定める援護または更生の措置に関する事務を行うことを職務としている。

2──保育士（名称独占資格）

　保育士は，児童福祉法第18条の4にて「第18条の18第1項の登録を受け，保育士の名称を用いて，専門的知識及び技術をもって，児童の保育及び児童の保護者に対する保育に関する指導を行うことを業とする者をいう」と定義される。

なお，第18条の18第1項では，保育士登録簿への登録について規定されている。かつて保育士は保母とよばれ，児童福祉法施行令で「児童福祉施設において児童の保育に従事する女子」と規定されていた。1970年代以降，男性保育者の存在が社会で認知されるようになってきたが，保母という名称の変更はされないまま，1977年に男性保育者に資格が認められるようになる。その後，社会の価値観の変化，保育ニーズの多様化，それに伴う男性保育者の増加に対応するため，1999年，改正児童福祉法施行令が公布され，男女共通名称の「保育士」が保育者の正式名称となる。さらに，2001年11月に児童福祉法の一部改正が行われ，保育士の資格が法定化され，2003年11月から施行された。これによって保育士の資格は名称独占（児童福祉法第18条の23）の資格となる。名称独占の資格とは，資格のない人が，その名称および紛らわしい名称を使ってはいけない資格のことである。

　保育士資格が法定化されたことによって，保育士の義務などについても規定された。保育所に勤務する保育士に職務と求められる姿勢について，児童福祉法第48条の4第2項にて「保育所に勤務する保育士は，乳児，幼児等の保育に関する相談に応じ，及び助言を行うために必要な知識及び技能の修得，維持及び向上に努めなければならない」と規定されている。さらに，児童福祉法の第18条の21にて信用失墜行為の禁止について，第18条の22にて秘密保持義務についても規定されている。秘密保持義務は，保育士でなくなった後も同様である。保育士が信用失墜行為の禁止，秘密保持義務の規定に違反したときは，その登録を取り消され，または期間を定めて保育士の名称の使用の停止を命じられる。さらに，信用失墜行為の禁止の規定に違反した場合は，罰則が適用される。

3 ——社会福祉士・介護福祉士（名称独占資格）

　1987年に制定された「社会福祉士及び介護福祉士法」により，社会福祉士と介護福祉士の国家資格制度が誕生した。
　資格制度の法制化が必要となった当時の背景として，①わが国が直面している高齢社会と国民の生活構造の変化や福祉ニーズの多様化に対応できる福祉サービスが提供できるよう，福祉の人材の確保と資質の向上が求められたこと，②国際的な観点からみて，他の先進諸国と比べ，わが国の福祉専門職の養成が

立ち遅れていることから，資格制度の確立が望まれたこと，③福祉産業，特に民間シルバーサービスが拡大する中で，サービスの質を維持し，サービス提供の倫理の確保や社会的責務の認識を強く保持するために資格制度の創設が有効であったことの３点があげられる。

　社会福祉士は，社会福祉士及び介護福祉士法第２条第１項で「（前略）第28条の登録を受け，社会福祉士の名称を用いて，専門的知識及び技術をもつて，身体上若しくは精神上の障害があること又は環境上の理由により日常生活を営むのに支障がある者の福祉に関する相談に応じ，助言，指導，福祉サービスを提供する者又は医師その他の保健医療サービスを提供する者その他の関係者（第47条において「福祉サービス関係者等」という。）との連絡及び調整その他の援助を行うこと（第７条及び第47条の２において「相談援助」という。）を業とする者をいう」と規定されている。

　介護福祉士は，社会福祉士及び介護福祉士法第２条第２項で「（前略）第42条第１項の登録を受け，介護福祉士の名称を用いて，専門的知識及び技術をもつて，身体上又は精神上の障害があることにより日常生活を営むのに支障がある者につき心身の状況に応じた介護（喀痰吸引その他のその者が日常生活を営むのに必要な行為であつて，医師の指示の下に行われるもの（厚生労働省令で定めるものに限る。以下「喀痰吸引等」という。）を含む。）を行い，並びにその者及びその介護者に対して介護に関する指導を行うこと（以下「介護等」という。）を業とする者をいう」と規定されている。

　社会福祉士と介護福祉士いずれも名称独占の資格であり，その義務等として，誠実義務，信用失墜行為の禁止，秘密保持義務，連携，資質向上の責務が規定されている。信用失墜行為の禁止，秘密保持義務の規定に違反した場合は，登録の取り消しや名称使用の停止が命じられる。さらに，秘密保持義務に違反した場合は，罰則が適用される。また，介護福祉士は登録を受けないで喀痰吸引等業務を行った場合にも，罰則が適用される。

4──精神保健福祉士（名称独占資格）

　1993年に心身障害者対策基本法を全面改正して「障害者基本法」が成立し，基本法の対象として知的障害，身体障害とともに精神障害が位置づけられた。

これを受けて1995年に「精神保健法」が「精神保健及び精神障害者福祉に関する法律（精神保健福祉法）」に改正される。それまで精神障害のある人に対しては，保健医療分野からの支援が中心であったが，これらの法律によって福祉からの支援，つまり自立と社会参加の促進のための支援に重点が置かれるようになった。その結果，精神に障害のある人が社会復帰をする上で障壁となっている諸問題を解決し，退院のための環境整備などについて支援を行う人材の養成・確保が必要となる。このような状況を受け，精神障害のある人の保健と福祉に関する専門的知識と技術をもって，社会復帰に関する相談援助を行う者として，精神保健福祉士の資格制度が設けられた。精神保健福祉士法は1997年に成立し，1998年から全面施行される。

精神保健福祉士は，精神保健福祉士法第２条で「第28条の登録を受け，精神保健福祉士の名称を用いて，精神障害者の保健及び福祉に関する専門的知識及び技術をもって，精神科病院その他の医療施設において精神障害の医療を受け，又は精神障害者の社会復帰の促進を図ることを目的とする施設を利用している者の地域相談支援（中略）の利用に関する相談その他の社会復帰に関する相談に応じ，助言，指導，日常生活への適応のために必要な訓練その他の援助を行うこと（以下「相談援助」という。）を業とする者をいう」と規定されている。

精神保健福祉士も名称独占の資格であり，その義務等として，誠実義務，信用失墜行為の禁止，秘密保持義務，連携等（主治の医師があるときは，その指導を受けなければならない），資質向上の責務が規定されている。信用失墜行為の禁止，秘密保持義務，主治の医師の指導を受けなければならない規定に違反した場合は，登録の取り消しや名称使用の停止が命じられる。さらに，秘密保持義務に違反した場合は，罰則が適用される。

5 ──訪問介護員（ホームヘルパー）・介護支援専門員（ケアマネージャー）

訪問介護員は，介護保険法第８条第２項に基づく訪問介護を提供する専門職である。介護保険法における訪問介護とは，要介護者に対して，居宅（軽費老人ホーム，有料老人ホーム，その他の厚生労働省令で定める施設における居室を含む）において介護を受けるものについて，その者の居宅において介護福祉士そ

の他政令で定める者により行われる入浴，排せつ，食事等の介護その他の日常生活上の世話のことをいう。訪問介護は，介護福祉士の他，「政令で定める者」が行うことになっている。この「政令で定める者」が，国が定めた研修を修了した「訪問介護員」のことである。訪問介護員になるためには，「介護職員初任者研修課程」を受講し，修了証明書の交付を受けることが必要となる。「介護職員初任者研修」は2013年度から始まった研修である。これにより2012年度まで実施されていた「介護職員基礎研修課程」と「訪問介護員に関する１級課程及び２級課程」が廃止された。「介護職員初任者研修」は，在宅・施設を問わず介護業務に従事しようとする者が対象となる。

　介護支援専門員は，居宅介護支援事業所や介護保険施設等で介護サービス計画（ケアプラン）の立案を担っている。在宅や施設で生活している要介護者や要支援者の相談に応じ，介護サービスの利用調整や関係者間の連絡などを行うことで，利用者の心身の状況に適した自立した日常生活を営むことができるよう支援を行う専門職である。介護支援専門員も介護保険法第７条第５項で「（前略）要介護者又は要支援者（以下「要介護者等」という。）からの相談に応じ，及び要介護者等がその心身の状況等に応じ適切な居宅サービス，地域密着型サービス，施設サービス，介護予防サービス若しくは地域密着型介護予防サービス又は特定介護予防・日常生活支援総合事業（中略）を利用できるよう市町村，居宅サービス事業を行う者，地域密着型サービス事業を行う者，介護保険施設，介護予防サービス事業を行う者，地域密着型介護予防サービス事業を行う者，特定介護予防・日常生活支援総合事業を行う者等との連絡調整等を行う者であって，要介護者等が自立した日常生活を営むのに必要な援助に関する専門的知識及び技術を有するものとして第69条の７第１項の介護支援専門員証の交付を受けたものをいう」と規定されている。実務の経験を有し「介護支援専門員実務研修受講試験」に合格し，かつ「介護支援専門員実務研修」の課程を修了したものが介護支援専門員証の交付を受けることができる。

6 ——保健医療関係分野の専門職との連携

　福祉サービスの実施には，保健医療分野の専門職との連携が欠かせない。保健医療分野の専門職としては，医師，看護師，保健師があげられる。この中で

保健師との連携は保育において欠かせない。保健師は，保健師助産師看護師法第2条で「(前略)厚生労働大臣の免許を受けて，保健師の名称を用いて，保健指導に従事することを業とする者をいう」と規定されている。保健師の仕事は，地域住民の健康づくりなど保健活動を行うことである。その中に，保健所や保健センターで，母子保健法に基づいて行われる母子保健事業がある。その中に乳幼児健康相談などの形で行われる集団，個別による乳幼児保健指導や1歳6か月児健康診査や3歳児健康診査を中心とした乳幼児健康診査がある。乳幼児健康診査は，子どもの健康状態，発育状態，育児状態，親子関係などを把握する。保育も連携が求められる大切な機会である。

　障害のある子どもへの療育やリハビリテーションには専門的知識，技能をもった専門職が必要である。理学療法士（PT）および作業療法士（OT）は，理学療法士及び作業療法士法に基づく専門職である。身体や精神に障害のある人に対し，基本的動作能力や応用的動作能力あるいは社会的適応能力の回復を図るために理学療法や作業療法を行う。言語聴覚士（ST）は，1997年に制定された言語聴覚士法に基づく専門職である。音声機能，言語機能あるいは聴覚に障害のある人について，その機能の維持，向上を図るため，音声訓練などの訓練，そのために必要な検査および助言，指導その他の支援を行う。

　臨床心理士，公認心理師も保育に欠かせない専門職である。臨床心理士の資格は，公益財団法人日本臨床心理士資格認定協会による認定資格である。公認心理師は，2015年に制定された公認心理師法に基づく専門職である。保育の問題が複雑多様化する中で，保育所などの子どもに関わる施設で子どもや保護者に対する臨床心理的相談や保育者に対する心理的コンサルテーションを行う。

　いずれの専門職との連携においても，その関係は同等であり，それぞれの専門職の特徴を理解した上で行うことが大切である。また，連携にあたっては保護者の理解，了承が必要であることは言うまでもない。

 研究課題

1．保育士の専門性とは何か調べてみよう。
2．児童福祉施設で保育士はどのような役割を担っているのか調べてみよう。

推薦図書 ────────────────────

●大川繁子（2019）．92歳の現役保育士が伝えたい親子で幸せになる子育て．実務教育出版．
●須賀義一（2023）．保育が変わる　信頼をはぐくむ言葉とかかわり．東洋館出版社．

第7章
社会保障及び関連制度の概要

　人の一生には，事故や病気，家族の働き手の死亡，失職，老齢など，様々な生活不安が存在している。これらの状況に陥ったときに，生活の安定，安心を支えている制度が社会保障である。わが国では，社会保障とは「社会保険」，「社会福祉」，「公的扶助」，「保健医療・公衆衛生」の４分野を含んでいる。このうち，社会福祉制度については第３章で学んだため，ここではその他のうちの２分野について概説する。

① 節 ●「社会保障」とは何か

　社会保障と社会福祉という言葉の意味の違いは論者によって様々であり，明確な区分が難しいが，わが国の行政実務においては1948年に設置された社会保障制度審議会による1950年の「社会保障制度に関する勧告」の考え方に沿っている。この勧告において，社会保障制度は「疾病，負傷，分娩，廃疾，死亡，老齢，失業，多子その他困窮の原因に対し，保険的方法又は直接公の負担において経済保障の途を講じ，生活困窮に陥った者に対しては，国家扶助によって最低限度の生活を保障するとともに，公衆衛生及び社会福祉の向上を図り，もってすべての国民が文化的社会の成員たるに値する生活を営むことができるよう

にすることをいうのである」と定義されている。

　この定義では，社会保障とは①社会保険，②社会福祉，③公的扶助，④保健医療・公衆衛生の４分野を含み，国民生活を支える重要な社会基盤の役割を網羅している。

　それぞれの意味は，以下の通りである。

①社会保険

　国民が病気，けが，出産，死亡，老齢，障害，失業など生活の困難をもたらすいろいろな事故（保険事故）に遭遇した場合に一定の給付を行い，その生活の安定を図ることを目的とした強制加入の保険制度であり，医療保険や年金制度などを指す。

②社会福祉

　障害者，母子家庭など社会生活をする上で様々なハンディキャップを負っている国民が，そのハンディキャップを克服して，安心して社会生活を営めるよう，公的な支援を行う制度であり，その具体的な内容は，第２章〜第６章で学んだとおりである。

③公的扶助

　生活に困窮する国民に対して，最低限度の生活を保障し，自立を助けようとする制度であり，わが国では「生活保護制度」を指す。

④保健医療・公衆衛生

　国民が健康に生活できるよう，様々な事項についての予防と衛生のための制度であり，医療サービスや保健所などが行う保健サービスを指す。

　このうち，社会保険と保健医療・公衆衛生は，すべての国民が等しく対象となるのに対し，公的扶助や社会福祉は突発的に生じる生活問題や何らかのハンディキャップを負っているときなど，限定的に適用される場合が多い。一般的に「社会保障」とは，すべての国民に等しく適用される社会保険と保健医療・公衆衛生を指すことが多い。この章では，この社会保険と保健医療・公衆衛生について概説する。

❷節. 日本の社会保障は公助，共助，自助

1950年の「社会保障制度に関する勧告」は，社会保障の運営について次のように述べている。

　このような生活保障の責任は国家にある。国家はこれに対する総合的企画をたて，これを政府及び公共団体を通じて民主的能率的に実施しなければならない。（中略）他方国民もまたこれに応じ，社会連帯の精神に立って，それぞれその能力に応じてこの制度の維持と運用に必要な社会的義務を果さなければならない。

　社会保障の企画，運営は国に責任がある。これは日本国憲法第25条（生存権）「すべて国民は，健康で文化的な最低限度の生活を営む権利を有する」，「国は，すべての生活部面について，社会福祉，社会保障及び公衆衛生の向上及び増進に努めなければならない」に由来するところである。

　しかし，社会保障制度に関する勧告は，「国民も」「社会連帯の精神に立って」「制度の維持と運用に必要な社会的義務を果さなければならない」と述べている。これは，社会保障制度が国任せの制度ではなく，社会の成員すべてがその維持と運営に責任を負っていると宣言しているのである。この考え方が，日本の多くの社会保障制度が税金ではなく保険方式（保険は共助である）で運用されていること，また，社会福祉の規模が西洋諸国と比較し小さい（自助の意識も強い）ことの背景となっている。

❸節. 社会保険

　社会保障制度の中で国民すべてに関係が深いのもが「社会保険」である。社会保険には，（老齢）年金制度や，医療保険，介護保険や労働保険などがある。それぞれの制度の内容を以下概説する。

1 ——老齢年金

　日本の公的年金は，日本に住んでいる20歳以上60歳未満のすべての人が加入する「国民年金（基礎年金）」と，会社などに勤務している人が加入する「厚生年金」の2階建てになっている。2階建ての1階部分は，国民全員が加入する国民年金。2階部分は，会社員や公務員が加入する厚生年金である。

　国民年金のみに加入する人（第1号被保険者）が月々納付する年金保険料は2023年度時点で16,520円となっている。

　国民年金（基礎年金）の支給開始年齢は65歳であるが，納付した期間に応じて給付額が決定する。20歳から60歳の40年間すべて保険料を納付していれば，2023年度時点で月額約6.6万円を受給できる。

　厚生年金は，会社などに勤務している人が加入する年金であるが，保険料は月ごとの給料に対して定率となっており（2020年9月現在で18.3%），実際に納付する額は個人で異なる。つまり，額は個人の収入に応じて変わる。

　また，厚生年金は事業主（勤務先の会社など）が保険料の半額を負担している。

　なお，従来の支給開始年齢は60歳であったが，段階的に引き上げられ，2025年度（女性は2030年度）には65歳となる。

　なお，公的年金では被保険者の種別を第1号被保険者（自営業者・学生・無職など），第2号被保険者（会社員・公務員など），第3号被保険者（専業主婦など）に分類している。第1号被保険者と第3号被保険者は国民年金のみ加入が義務づけられており，第2号被保険者は国民年金と厚生年金に加入している。

2 ——医療保険（健康保険・国民健康保険・後期高齢者医療制度）

　日本の医療制度は，「国民皆保険」といわれ，国民全員を公的医療保険で保障している。厚生労働省によると，わが国は，国民皆保険制度を通じて世界最高レベルの平均寿命と保健医療水準を実現しているとされる。この日本の国民皆保険制度の特徴として，①国民全員が公的医療保険で保障されている，②医療機関を自由に選べる（国によっては自由に選べない），③安い医療費で高度な医療を受けることができる，④社会保険方式を基本としつつ，皆保険を維持するため公費（税金）を投入している，などがある。

　この医療保険は「健康保険」「国民健康保険」「後期高齢者医療制度」に分類される。「健康保険」は，健康保険の適用される事業所で働く会社員が加入している。健康保険には，海上で働く船員を対象とした船員保険，公務員などが加入する共済組合がある。「国民健康保険」は，自営業や専業主婦の人などが加入する。従来，市町村が運営していたが，2018年4月から，市町村と共に都道府県が運営を担っていくことになった。「後期高齢者医療制度」は，75歳以上の人が加入する医療保険である。後期高齢者医療制度の自己負担は，原則自己負担1割で医療受診できるが，現役並みに収入が多い人は，自己負担が3割となる。

　それぞれの年齢層における一部負担（自己負担）割合は，

- 6歳（義務教育就学前）未満の者は2割
- 70歳未満の者は3割
- 70歳から74歳までの者は，2割（現役並み所得者は3割）
- 75歳以上の者は，1割（現役並み所得者は3割）

となっている。

3——介護保険

　介護保険とは，家族による介護の負担を軽減し，介護を社会全体で支えることを目的とした制度である。わが国は急速に高齢化が進み，介護を必要とする高齢者が増加の一途をたどっている。また，核家族化の進行により，家庭での介護の担い手が不足し，家庭介護が深刻な社会問題となった。そのため，介護を社会で支えるための介護保険制度が2000年に創設された。介護保険は，介護が必要な要支援者・要介護者に介護費用の一部を給付する制度である。

　介護保険の仕組みは，全国の市区町村が保険者（制度を直接運営する主体）となり，その地域に住んでいる40歳以上の人が被保険者（介護保険料を払う人。現行制度では40歳以上全員が負担義務加入者）として介護保険料を納める。被保険者は，65歳以上になり，一定の条件（要介護，要支援認定）を満たせば介護サービスを利用できるようになる。なお，39歳以下の人は，制度の対象や支払い義務の対象外である。

　以下，具体的な手続きの流れについて概説する。

(1) 申請

介護サービスの利用を希望する者は，市区町村の窓口で「要介護（要支援）認定」の申請を行う。

(2) 要介護認定の調査，判定

市区町村の職員などの認定調査員が自宅を訪問し，本人や家族から心身の状況について聞き取りなどの調査を行う。市区町村は，直接，主治医（かかりつけ医）に医学的見地から，心身の状況について意見書作成を依頼する。

認定調査の結果と主治医の意見書をもとに，保険・福祉・医療の学識経験者による「介護認定審査会」で審査し，どのくらいの介護が必要か判定を行う。

(3) ケアプランの作成，サービスの利用

要介護1～5と認定された人が，在宅で介護サービスを利用する場合は，居宅介護支援事業者と契約を行い，その事業者のケアマネージャーに依頼して，利用するサービスの内容を記したケアプランを作成してもらう。施設入所を希望する場合は，希望する施設に直接申し込むこととなる。

なお，要支援1・2と認定された人は，地域包括支援センターの担当職員が介護予防ケアプランを作成する。ケアプラン作成後，サービス事業者がケアプランに基づいた居宅サービス（訪問介護や訪問介護，ショートステイなど）や施設サービス（特別養護老人ホームなど）を提供する。

4 ── 労働保険

労働保険とは，労働者災害補償保険（「労災保険」）と雇用保険を総称した言葉である。労災保険は，労働災害によって傷病を負った労働者の保護を目的とし，雇用保険は，失業した労働者の生活の保護と再雇用の促進を目的としている。以下，それぞれの内容を概説する。

(1) 労災保険

労災保険とは，労働者が業務中または通勤時の事故や病気によって，負傷または亡くなったときに被災労働者や遺族を保護することを目的として一定の給付を行う保険である。国が会社に対し強制しているため労働者は誰でも自動的に労災保険に加入していることになる。

労災保険の給付内容は以下の6つである。

【療養給付】

　労働者が労働災害により傷病を負ったときに，原則，病院で自己負担なく治療を受けられる制度。

【休業給付】

　労働災害に遭い，療養のため休業して賃金を受けられなくなったときに80％の収入が補償される制度。

【障害給付】

　労働災害によって怪我や病気が治癒した後に後遺症が生じた場合に，障害等級に応じて年金または一時金の支給を受けられる制度。

【遺族給付】

　労働災害によって労働者が亡くなったときには，労働者の収入で生計を維持していた遺族に，遺族年金が支給される制度。

【傷病年金】

　労働災害により傷病を負い，療養開始後1年6か月を経過しても治癒しないときは，傷病等級に応じて，傷病年金が支給される制度。

【介護給付】

　傷病年金または障害年金受給権を有する労働者が，現に介護を受けている場合に，介護給付が支給される制度。

(2) 雇用保険

　雇用保険とは，労働者が失業したり，会社の都合で雇用の継続ができなくなる，または失業しそうなときに，生活費を保障したり，失業前からの職業訓練を受けやすくすることを目的とした保険。労働者は自動加入となるが，公務員は加入できない。

　雇用保険の主な給付内容は以下である。

【基本手当】

　「失業手当」とも呼ばれる。失業し再就職しようとしている期間中の生活保障として失業前の給料の45〜80％が給付される。ハローワークで求職活動を行い失業認定を受ける必要がある。

【就職促進給付】

　求職者給付を受給している者が，給付日数を残すなど早めに再就職したとき

に支給を受ける手当。

【教育訓練給付】

　就職にあたって，厚生労働省が指定した教育訓練受講に支払った費用の一部が支給される制度。失業していなくても対象となる。

【雇用継続給付】

　60歳以上で以前よりも給料が下がったとき（「高年齢雇用継続給付」），育児のため休業するとき（「育児休業給付」），介護のため休業するとき（「介護休業給付」）など働くことができない理由があるときに，所得が補償される制度。

 研究課題

1．老齢になったときの生活費はどのように，どれくらい準備できるか（老齢年金も含め）シミュレーションしてみよう。
2．ハローワークはどのような機関か，調べてみよう。

推薦図書

●椋野美智子・田中耕太郎（2022）．はじめての社会保障──福祉を学ぶ人へ．有斐閣．
●増田豊（2022）．結局，年金は何歳でもらうのが一番トクなのか．青春出版社．

Column 2

「子ども家庭総合支援拠点」は児童虐待防止の切り札となるか

　2010年，母親が3歳の女児と1歳9か月の男児を自宅に約50日間放置し餓死させた。母親は懲役30年の判決が確定している。

　この事件では，「子どもが夜間放置されている」との虐待通告を何度も受けながら，児童相談所が安全確認をしなかったこと，母親が子どもを放置している期間にSNSに遊び歩いている姿の投稿をあげていたことなどから，連日，マスコミによる激しいバッシング報道がなされた。

　その後，母親自身が幼少時，虐待（ネグレクト）を受けていたこと，母親は中学生のときに家出などの問題行動があったほか解離性障害の診断も受けていたこと，離婚前は子どもの養育を放置し家出をするなどの状況があったことがわかった。また，母親は親族の支援を受ける状況になかったことや，母親自身何度か行政に相談したが，うまく支援につながらなかったことなどが明らかになった。

　この事件の背景には，母親が単独で子どもを養育する力に欠けているのに，どこからも必要な支援が受けられなかった実態がある。児童虐待死亡事件の多くは，このケースのように保護者がたくさんの生活上のハンディ（恵まれない成育歴と家族関係，被虐待歴，離婚，精神疾患，誰からも援助を受けられないなど）を抱えている場合が多いことがわかっている。

　そのため，悲惨な児童虐待事件を繰り返させないためには，生活上のハンディを抱えている親子を早期に発見し，援助を行う仕組みの充実が必要である。

　このような手厚い支援援助システムとして期待されている新しい仕組みが，2016年の児童福祉法改正で市町村が設置することが義務づけられた「市区町村子ども家庭総合支援拠点」である。子ども家庭総合支援拠点は，妊産婦を含め，地域のすべての子ども，家庭を対象として，子ども支援の専門性をもった職員が活動する機関である。この専門職員が地域資源や必要なサービスを有機的につないでいくソーシャルワーク活動を展開していくことで，支援が必要な親子の生活を守っていく。このような活動が全国で展開されるようになれば，悲惨な児童虐待防止事件の発生をなくす道が開かれるだろう。

　なお，2022年の児童福祉法改正により，2024年から「子ども家庭総合支援拠点」と「子育て世代包括支援センター」を統合した「こども家庭センター」の設置が，市町村の努力義務とされた。

第Ⅲ部

社会福祉における
相談援助

社会福祉における援助の対象は，「あらゆる人びとの生きづらさ」であるといえる。そのため，特定の分野や領域に焦点をあてるというよりは，様々な分野や領域の知見を活用しながら，対象者を総合的に理解し，援助の仕組みを創造していくという実践が求められる。

近年，保育現場においても，一人の子どもに焦点を当てるだけでは対応・解決できないような「生きづらさ」に直面することが多くなってきた。社会の変化に伴い，子どもを取り巻く「生きづらさ」は，今後ますます複雑・多様化することが予見される。保育の実践の中で，社会福祉の援助の発想や実践が活用される場面が増えていくことになるだろう。

第Ⅲ部では，社会福祉における相談援助を支える考え方や視点，援助者の姿勢や役割，援助の展開方法，実践で用いられる技法などについて学ぶ。各章での学びを通して，同じ人間として子どもと向き合い，子どもが置かれている状況をより広い視野で把握し，家族や地域，他の専門職と協働しながら，「チーム」として子どもを支えることができるような保育者を目指してもらいたい。

第8章
相談援助の理論

1節. 理論を学ぶことの意味

　保育を含む対人援助の諸分野・諸実践において，現場での実践経験を積むことが，専門職としての学びや成長に大きく貢献することは疑いのないところである。しかし，経験をその量的側面だけで把握しないように注意しなければならない。例えば，「100人の子どもと関わってきた保育士が，まったく子どもと関わったことのない保育士よりも優れている」と言い切れるだろうか。関わった数，すなわち量的側面だけを重視してしまうと，はじめて子どもと関わり，その一人の子どもと良好な関係を結ぶことのできた保育士よりも，100人の子どもと関わったことがあり，そのすべての子どもに嫌われてしまった保育士のほうが確実に優秀であるということになってしまう。

　しかしここで，100人すべての子どもに嫌われた保育士が，「自分はなぜ嫌われてしまったのか」と考え，一人一人の子どもとの関わりを思い起こし，詳細に分析し，今後の子どもとの関わりに活かそうとしたとすればどうであろうか。この保育士は，子どもと関わった回数＝量をみずからの保育士としての質へと変換したといえる。このように経験は，量的側面からだけではなく，質的な意味合いをもつことによってはじめて実質が伴う。経験を量的側面からのみ捉え

ることの弊害は大きい。日本の多くの組織においていまだに見受けられる年功序列制はその一例である。

　ところで，上記の例において，経験に質的な意味合いをもたせるきっかけは，みずからの関わりやふるまいを分析することであった。それでは，どのような枠組みでこれらを分析すればよいのであろうか。ここに理論を学ぶことの大切さがある。日々起こるできごとや体験を量的に処理していくのではなく，それらのできごとや体験を何らかの枠組みから分析しながら振り返ることで，経験の質を高めることができる。そして，この分析のための枠組みをもたらすのが理論である。

　理論というと，どことなく絶対的な真理のようなものを想像してしまうが，保育も含めた対人援助の諸分野において，絶対的な真理を追い求めることが危険となることさえある。ある一つの事柄について，それを唯一絶対の枠組みで捉えるのと，複数・多様な枠組みから捉えるのとでは異なる結果が生じる。前者の場合，その唯一絶対の枠組みが通用しないような事態に直面した際に，それらはすべて想定外のものとして扱われてしまう。例えば，「子どもとは，○○という存在である」という枠組みに基づいて子どもと接している保育士にとって，子どもがその枠組みからはずれた言動をした場合に，極端にいえば，「そのようなことをするのは子どもではない」とみなすことになる。逆に，後者のように複数・多様な枠組みから子どもを理解しようとしている保育士は，想定外の事態であっても，子どもの新たな一面を知るきっかけ，あるいは子どもをより深く理解する手がかりを得る機会として受け容れていく。つまり，対人援助の諸分野・諸実践においては，様々な理論的背景に基づいた，多様な枠組みを学んでいる援助者の方が，対象者への理解をより深いものとすることができ，また，質の高い援助を提供し，その結果，みずからの実践経験を質の高いものとすることができる。

　加えて，理論が複雑なものであると考えてしまう人も多い。しかし対人援助の諸分野における多くの理論は，思いのほか簡潔なものであることが多い。日常的な対人援助の実践の中で生じる諸事象は，ある特定の時間と場所においてのみ生じたことであり，全く同じことは二度と起き得ない。しかし，図8-1に示したように，これら唯一無二の事象のそれぞれに，何らかの共通項を見出

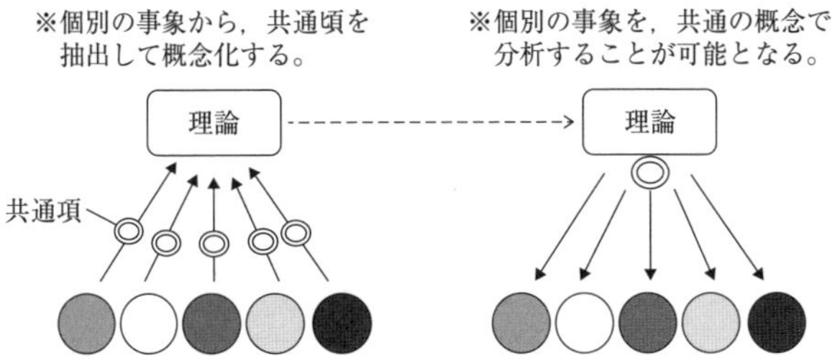

※個別の事象から，共通項を　　　　　※個別の事象を，共通の概念で
　抽出して概念化する。　　　　　　　　分析することが可能となる。

図8-1　理論の位置づけ

出所：筆者作成。

すことができる。そこで，それぞれの現象を詳細につきつめ，その共通項を明らかにしていく。このような過程を経て見出された共通項は，同じく図8-1に見られるように，その後に生じた事象を分析したり，また，今後起こり得る事象を予測したりする際に有効となる。

　このように，対人援助の諸分野における理論に対して人々が抱く難しさは，その複雑さではなく，シンプルさに由来している。簡潔であるがゆえに，日々生じる個別具体的な事象に当てはめて分析することに抵抗が生じる——例えば，「こんなに単純に説明できてよいのか，何か見落としているのではないか」と戸惑ってしまう——のである。

　しかし，先に示したように，何らかの理論的な枠組みを唯一絶対の真理であるかのように考えるのは危険であり，むしろ多様な枠組みを複数持ち合わせておくのが大切である場合には，それぞれの理論がシンプルなものである方が，学びやすさの点から考えても都合がよい。

　ここで，シンプルな理論的枠組みへの理解を深めるために，社会福祉援助技術の共通基盤に関するバートレット（Bartlett, H. M., 1970）の議論を紹介する。彼女は，図8-2のように，社会福祉の実践が成立するためには，価値（こころ）・知識・技術が三位一体の形で揃う必要があると述べた。

　三位一体とは，3つのうちのどの要素を欠いても完全ではないことを意味する。例えば，高度な知識や技術を有していても，そこに専門職としての価値や倫理が伴っていなければ社会福祉の実践とはならない。この枠組みは，簡潔であるがゆえに適用範囲が広い。現在，保育を含めた対人援助を学んでいる学生や生徒にとって，専門職としての価値や倫理がどこまで確立されているのか，

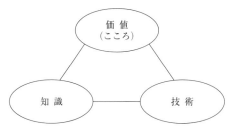

図8-2　社会福祉の実践が成立するための三位一体
出所：筆者作成。

　また，どれだけの知識を有しているのか，具体的な技術がどれだけ備わっているのか，さらには，それらをバランスよく修得しているのかを考えてみるだけでも，現在の自分自身のありようや学びの習熟の度合いを総合的に振り返ることができる。あるいは，すでに実践現場で働く者にとっては，みずからのこれまでの実践を振り返る際の枠組みとして活用することができる。

　同様に，パールマン（Perlman, H. H.）が自身の「問題解決アプローチ」の中に流用した「MCOモデル」というものがある（Perlman, 1970）。この枠組みにおいては，対象者における，みずからの問題を解決しようとする力をワーカビリティ（Work-ability）と呼び，これを修得するためには，「動機づけ（Motivation）」，「能力（Capacity）」，「機会（Opportunity）」という3つの要素が一体のものとして欠かせないと考える。例えば本人にやる気（M）があり，それに見合った能力（C）を有していても，それを発揮する場所や機会（O）が用意されていなければ，ワーカビリティは獲得されない。この三位一体であるMCOモデルもまた，シンプルでありながら適用範囲が広い。例えば日々接する子どもたちにMCOのそれぞれがバランスよく備わっているのか，あるいはどの要素が足りないのか，どのように伸ばしていくのかなど，具体的な事例に当てはめて振り返り，考える上での有効な枠組みとなる。

　これまで本書を読み進める中で，社会福祉が，人々の生活を支えるための広範囲かつ多岐にわたる制度やサービス，活動の総体であることが理解できたのではないだろうか。第8章および第9章では，このような特性をもつ社会福祉の実践が，どのような価値を実現するための活動であるのか，また，どのような視点や知識をよりどころとし，どのような技術を用いて展開されていくのか

について，紹介していきたい。ここでの学びを，保育士として子どもや家族，それを取り巻く周囲を支えていく活動や，みずからの援助を振り返り，分析する際に用い，援助の質を高めるために活かしてほしい。

2節　相談援助の意義と機能

1──相談援助を支える独自の考え方

　相談援助が独自に有する，そして，相談援助の実践を支える基本的な考え方として，ブトゥリム（Butrym, Z. T., 1976）は，①人間の尊重，②人間の社会性，③変化の可能性の3つを示した。これらは簡潔でありながらも，多くの示唆に富んでいる。加えて，相談援助が他専門職と一線を画し，独自に有する特性が体現されている。それぞれについて見ていこう。

(1) 人間の尊重

　これは，社会福祉の実践が，人間そのものを大切にするという考え方である。多くの専門職は，人間のある一側面だけ（例えば病やこころなど）に限定して把握することを，「専門」たるゆえんであると考える。そして，その限られた範囲や分野に関する詳細な知識や高度な技術を有することをもって，みずからの専門性を担保している。

　これに対し社会福祉では，人間そのものを総合的に把握することにより，その専門性を発揮する。限られた範囲に特化することは，対象者を捉え，理解する視野を狭いものとしてしまう。前節で述べたように，社会福祉は複数・多様な枠組みから対象者を捉えることを重要視している。例えば，ある特定の分野の専門職が，限られた範囲だけで対象者を捉え，理解しようとする動きがあった場合，社会福祉の専門職はそれを抑制し，そもそも対象者自身の認識がどのようなものであるのか，さらには他分野の専門職が対象者をどのように捉えているのかについて思いを巡らせ，多面的な捉え方や理解の実現に向けて率先してはたらきかける。わかりやすくいえば，「～しかない」という状況から「～もありうる」といった状況への変化を促す役割を担うのである。

　さらに人間の尊重という考え方には，援助する側の専門職も，同じく一人の

人間にすぎないということが示されている。このような考えは，「同じ人間」という意識のもと，援助者が対象者に対して必要以上に権威的にふるまうことを抑制する。また，援助者が対象者への援助に尽力するあまり，身体的・精神的に消耗（バーンアウト）するのを防ぐことにもつながる。つまり，援助者も対象者と同様に，守られ，援助されるべき存在であるという気づきを私たちにもたらしてくれる。

(2) 人間の社会性

　これは，「人間は他者との関わりなしに生きられない」という単純な事実を基調とする考え方である。福祉や教育の実践においては，対象者や子どもがその人らしく生きることを目標として掲げることが多い。ところでこの「その人らしさ」は，対象者，すなわち一人の人間だけで完結して成立するであろうか。むしろ私たちは常に自分以外の他者の存在を前提とし，彼らとの比較や，彼らからの承認を経て，はじめて自分らしさやその人らしさを獲得する。つまり「私らしさ」や「その人らしさ」は，常に他者の存在を媒介としなければ成立しない。

　このような他者の存在を前提とする人間存在のありようをふまえ，熊谷（2013）は人間の自立を，依存先の分散として定義づける。そして熊谷は，「何にも依存せずに生きている人など，存在しない」とするならば，すべての人間が多かれ少なかれ，常に他者に依存し，また，他者から支えられる中で生きていることになる。このような認識のもとでの自立とは，「依存先を増やすことで，一つひとつの依存先への依存度が極小となり，あたかも何ものにも依存していないかのような幻想をもてる状況」であると熊谷は主張する。

　熊谷の自立に関する考えに基づくならば，私たちが対象者を理解する際には，本人だけではなく，周囲の他者や組織など外部の環境との関係も含めて理解することが必要不可欠であることがわかる。さらに対象者へ援助を展開するにあたっては，本人だけではなく，周囲や環境に対するはたらきかけも必須のものとなる。人間の社会性は，常に周囲との関係の中で対象者の生きづらさを把握し，周囲との関係を意識し活用しながらその解決を図るという，社会福祉の独自性を支える考え方である。

(3) 変化の可能性

　これは，「人間は生きながら，常に変化し続ける存在である」という考え方である。例えば昨日の自分と現在の自分とを比較して，「同一の存在である」と言い切ることができるだろうか。一定の時間を経ている以上，わずかではあっても，心身の状態に何らかの変化が生じているに違いない。このように，人間が常に変化しているという真実を積極的に受け入れることは，対象者やその周囲の環境を一定の枠組みに押し込めて分類することや，現状から変化・成長することがない存在として把握することを抑制する。

　多くの専門職は，専門的な知識や技術を学んだことから，「この資格を持った自分にしかわからない，できないことがある」と認識しがちである。このような認識は時として，「専門職の言うことが常に正しい」であるとか，「専門職に任せておけばよい」といった思いを対象者，そして，専門職自身に抱かせる。しかしながら，生きづらさを抱え，その援助の中心となるのは，ほかならぬ対象者本人である。変化の可能性を理解している援助者は，みずからの認識が常に正しいものであると考えず，対象者の声や捉え方に耳を傾け，尊重することができる。それは，援助者のこころの余裕や懐の深さ，すなわち「受容」することのできる力にもつながる。また，対象者を理解したり援助を展開したりする際に，本人はもちろん，家族やほかの専門職の意見に耳を傾け，活かそうとすることができる。このような援助者の姿勢により，前節で述べたように，援助活動における認識枠組みの多様化が実現する。

　ブトゥリムが提示した３つの考え方は，相談援助の実践においてこそ目指され，実現されるべきものである。実際，「人間の尊重」という考え方は，ある特定の分野だけではなく，その根底にある人間存在そのものに焦点をあてるという面において，他の専門職の実践とは一線を画している。また，「人間の社会性」という考え方も，常に周囲との関係において対象者の置かれている状況を捉える点，そして単一の専門職で完結するのではなく，複数の専門職との積極的なつながりを志向する点において，他専門職の実践と一線を画している。最後に「変化の可能性」という考え方も，何らかの専門的知見に基づいた，単一的な理解がもたらす，ある種の「とらわれ」から対象者を解放するという点において，他専門職の実践とは異なるものとなっている。

　さらにこれら３つの考え方は，対象者だけではなく，援助者自身にも適用される。対象者を援助する過程では，私たち援助者も人間として等しく尊重されなければならず，また，常に他者との関係の中で援助が展開され，さらには，その中で援助する側も常に変化し続けている。つまりブトゥリムが提示した３つの考え方は，援助者が特別の存在ではなく，常に社会福祉の対象でもあるという事実に気づかせてくれる。

２──相談援助における対象の捉え方

　前項で取り扱った，相談援助を支える考え方に基づき，相談援助が対象を把握する際の視点について考えていきたい。ここでは，①広がり・仕組みの視点，②時間の流れの視点，③お互いさまの視点の３つに集約して説明する。

(1) 広がり・仕組みの視点

　この視点は前項で示したブトゥリムの「人間の社会性」に基づいている。人間のその人らしさというものは，当事者だけではなく，その周囲との関係の中ではじめて成立している。これを生きづらさに当てはめて考えてみると，対象者は，本人とその周囲との関係で形づくられる状況の中で生きづらさを感じているということになる。ここでの周囲には，家族や友人などのごく身近な存在だけではなく，地域社会や国の政策・制度の不十分さなども含まれる。援助者は，対象者の性格や心理面，病気であることなどの個人的要因だけに生きづらさの原因を求めるのではなく，様々な要因が複雑に絡み合った中で，対象者にとって生きづらい状況，あるいは生きづらさの仕組みが成立していると考えるのである。

　次のような事例について考えてみたい。ある地域に，貧困の子どもや家庭を支える民間の支援団体が存在していた。そもそも，この団体が設立され，活動しなくてはならない原因には，子どもや家庭の貧困に対する国の制度の欠陥があった。ところが，国はこの支援団体に対して予算を補助し，バックアップするという方策をとった。その結果，支援団体は，規模を拡大させながら，各地で支援を充実させていくことになった。

　以上の事例において，子どもや家庭の貧困に対する国の支援が「うまくいった」といえるだろうか。結局，事例においては，国の制度の欠陥は改善されて

いない。加えて，その制度の欠陥を補う責任が，補助金を受けとった民間の支援団体に押しつけられてしまっている。問題の根本となっている制度の欠陥が改善されていない限りにおいて，今後もこの国で貧困の子どもや家庭は生み出され続けるであろう。この場合，民間の支援団体は，もともとは制度の改善を望んでいたにもかかわらず，貧困の子どもや家庭に対する支援活動を展開すればするほど，制度の欠陥の維持に力を貸してしまうことになる。つまり，より広い視点から見たときに，本来の目的と真逆の役割を果たしてしまっている。このように広がり・仕組みとして捉える視点は，より広い視野のもとで，周囲との関係の中で，（多くの場合において）本人の自覚のないまま，そのように生きざるを得ない状況に追いやられている存在として対象者を捉える。そして，相談援助の実践は，このような広がり・仕組み全体にはたらきかけ，状況そのものを変化させていくことを目指す。

　ところで，対象者の生きづらさが広がり・仕組みとして存在している以上，その援助もまた，広がり・仕組みとして展開されなければならない。相談援助の実践は，個人ではなくチームとして行うことが望ましい。生きづらさを生じさせている広がり・仕組みにはたらきかけるために，援助する側でも多様な専門職や施設，機関，サービスなどを組み合わせ，対象者を援助するための広がり・仕組みを構築することが求められる。「広がり・仕組み」という視点は，対象者を取り巻く生きづらさを理解し，援助者を中心としながら構築される援助のチームを構築し，実践する上で不可欠である。

　同時に援助者には，「みずからが対象者を取り巻く広がり・仕組みの一部であり，対象者に何らかの影響を与え得る存在である」という自覚が求められる。

(2) 時間の流れの視点

　対象者が相談したり，悩みを打ち明けたりすることができているのは，その時点，つまり「いま，ここで（Now and Here）」の生きづらさが認識できているということでもある。しかしながらこの生きづらさは，これまで時間をかけながら徐々に形成されたものであり，突然窮地に追い込まれた結果生じたわけではない。例えば，大きな災害により生活が一変したという状況を想像してみよう。このようなとき，「想定外」という表現が用いられることが多いが，逆に言えば，このような災害が生じることを想定しないままでこれまでやってきた，

ということでもある。言い換えれば，想定せずにやってきてしまったことそのものが，これまでずっと問題としてあり続けたのだ。現に，このようなことを繰り返さないために，人々はこの後，想定を超えた災害を想定しながら備えることになるだろう。これまで想定していなかったことを問題視し，向き合った結果，反省し改善するに至ったのである。これは，問題が生じるに至った過程を，問題の一部として認めたということでもある。

　つまり，「いま，ここで」はじめて認識された生きづらさは，これまで水面下で時間をかけながら生成された結果でもあるのだ。対象者の生きづらさに向き合う際には，「いま，ここで」認識されている生きづらさだけではなく，なぜそうなったのか，どのような経緯を経てそうなったのかといった，対象者の「これまで」について詳細に情報を収集し，生きづらさが生成された過程を把握することが求められる。このように，時間の経過をふまえて対象者やその生きづらさを理解することの大切さを示すのが「時間の流れ」の視点である。

　ところで，対象者の生きづらさが時間の経過の中で形成されたのであるとするならば，その生きづらさの解決に向けても，一定の段階（プロセス）を踏むことが必要となる。これまで時間をかけながら形成された生きづらさを，即座に解決することは不可能である。相談援助においては，対象者の生きづらさの発見や自覚を起点としながら，一定の段階を経て援助が展開される。つまり，援助を展開するにあたっては，対象者の未来，すなわち「これから」に向け，時間の流れを意識した実践が行われなければならない。

（3）お互いさまの視点

　このように，広がり・仕組みには広がり・仕組みを，時間の流れには時間の流れをという形で，相談援助には様々な対応関係がみられる。これが「お互いさま」の視点である。この視点は，ブトゥリムの「人間の尊重」という考え方に通じている。相談援助では，同じ人間としての地平に立ち，対象者と援助者の区別をしない考え方を前提に置く。対象者に起きることは，援助者にも起き得ると考える。つまり援助者には，対象者を援助することを通して，対象者から援助されているという側面があることへの自覚が求められる。対象者の存在によって，援助者としての自分の側も支えられたり，やりがいや生きがいを得ていたりする。このような循環的な関係を「お互いさま」と表現する。例えば，

目の前にいる生きづらさを抱えた対象者に対し，「このようなことが自分にも起こり得る」と考える援助者と，「このようなことは自分には起こり得ない」と考える援助者とでは，どちらが親身に話を聴き，寄り添うことができるであろうか。おそらく，「自分にも起こり得る＝お互いさま」という感覚をもった援助者の方が，対象者と同じ目線に立ち，ともに考え，支え合う存在となるだろう。私たちが専門職に抱く印象の多くは，対象者との間に歴然たる差や隔たりがある存在というものであろう。しかし相談援助においては，むしろ互いがまず人間であるという対等な関係のもとで，「援助し合う」，「教え合う」など，「お互いさま」の関係が基盤となって実践が展開されることを心に留めておく必要がある。

　上記の3つの視点をふまえると，相談援助の対象を次のようにまとめることができる。まず，①相談援助では，対象者本人だけではなく，その周囲の家族や近隣，地域社会など含めた，広がり・仕組みを対象とすること。そして，②対象者の過去・現在・未来の時間の流れで生じるできごとすべてを対象とすること。最後に，③お互いさまの関係のもとで，援助者自身も援助の対象となり得ること，である。

 ## 相談援助が果たす具体的な役割

　これまでの議論に基づき，相談援助の専門職に求められる具体的な役割について考えていきたい。ここではいずれも「つ」の文字からはじまる役割，5つの「つ」として示していこう。それは以下の通りである。
　①つなげる
　②つくる
　③つきあう
　④つたえる
　⑤つきつめる

1──つなげる

　まず「①つなげる」とは，先述した人間の社会性の考え方にも示されている

通り，個人だけではなく，その周囲の人々や環境とのつながりをふまえた上で対象者の生きづらさを認識し，理解する役割の大切さを示している。加えて，援助を展開するにあたり，対象者の家族など周囲や近隣の人々はもちろん，地域社会や行政のサービス，施設・機関などに至るまで広く関係をつなげていく役割の重要性を示すものでもある。

　時として，この「つなげる」という役割は，「巻き込む」に近い意味をもつことがある。対象者を取り巻く様々な人々や機関，施設などに報告・連絡・相談しながら，対象者とそれを取り巻く現状を知ってもらうとともに，援助する体制をともに構築していくのである。このような援助者の役割は，「点」であったものを各方面に向けて「線」でつなぐことにより「面」にしていくといったイメージで表現することができる。

　つなげる役割が機能するためには「つながりやすさ（アクセシビリティ：accessibility）」への配慮も重要となる。日常的に様々な施設や機関，専門職，地域の住民らと連絡を取り，お互いのことを知ってもらいながら，いざというときにスムースに動けるような基盤づくりをしておく。また近年，情報通信技術の発展により，様々な媒体（ホームページなど）を通して相談や援助の求めが寄せられるようになっていることから，情報通信面におけるアクセシビリティの充実が求められる。

2——つくる

　次に「②つくる」とは，創造する役割を意味する。援助を展開する上で，既存のサービスに適切なものが存在しない場合に，新たなサービスや組織，援助の担い手を積極的に創造していく役割が求められる。そもそも援助活動そのものが，対象者にとって新たな人生の生き直し，すなわち，新たな人格や人生の創造ともいえるわけで，「人間の創造」という意味合いが含まれている。同様に，援助の対象が地域や社会にまで及ぶのであれば，新たな地域の創造，新たな社会の創造といった意味合いにもなる。

　ところで，創造的な行為には，しばしば「破壊」や「再生」というプロセスが同時に生じる。例えば，障害のある人にとって，より住みやすい街を創造するために，段差などをなくす活動（いわゆるバリアフリー）を展開したとする。

このとき，新たな街の創造のために，旧来のもの（ここでは段差など）をなくしていく（すなわち，ある種の破壊）という活動が同時に生じている。したがって，つくる＝創造するという役割には，常に旧来からの弊害といったものに立ち向かい，打破・克服する役割が伴うことを理解しておく必要がある。また，それゆえに創造の営みは，十分な時間をかけて徐々に準備され，実行され，達成されるものであることを意識しておかなければならない。

3──つきあう

「③つきあう」とは，一定の時間を費やしながら，継続的に関わる役割を意味する。相談援助の実践では，対象者の生活や人生についての情報を収集し，その中へ介入していくことになる。その際，何か特別な知識や技術に任せて，対象者の人生をコントロールするようなことがあってはならない。あくまでも生活や人生の主役は対象者本人であり，援助者は，最終的に対象者本人が決定し，みずからの足で引き続き人生を歩んでいくことをサポートする役割に徹しなければならない。

このような役割に近い意味をもつ表現として，例えば「協働（collaboration）」というものがある。また，関わりに継続性をもたせることが重要となる。例えば，出会って間もない相手から，自分自身の性格や生活などについて，あれこれとアドバイスされるような状況を想像してみよう。「あなたに一体何がわかるのか」と感じることが多いのではないだろうか。しかし，継続的に一定の時間をともに過ごした相手から，「あなたは○○といった面がある」であるとか，「あなたには○○という強みがある」と伝えられたとき，相手と過ごした時間の蓄積がある種の根拠や裏づけとなり，そのアドバイスを受け入れやすくなる。関わりの積み重ねは，相互の信頼関係を形成する上で必要不可欠である。

対象者の人生に介入し，その生きづらさを明確にし，本人のもっている強みを活かしながら生活を変化させ，新たな人生を歩んでいくようにはたらきかける援助者であるためには，相手と同じ目線に立ち，様々な思いや考えを共有できるような時間や空間を積み重ねていく覚悟が求められる。

4 ── つたえる

「④つたえる」とは，対象者の生きづらさや周囲・社会の状況，さらには援助の様子をなるべく数値化・言語化しながら，時間や空間をまたいで伝達していく役割を指す。対人援助の諸分野は，それに携わる者の思いや感覚が重視され，また，それこそが専門的な学びを修めた証明であるとの思いのもとで，対象者やその周囲の状況を冷静かつ客観的に分析し理解することがおろそかになりがちである。数値化や言語化はこれを抑止し，また，業務を引き継ぐ相手や他専門職に対して客観的な情報を伝達していくことが可能となる。

加えて，対人援助の分野は，相手が人間であるがゆえに，自身の援助や関わりがどのような意味をもったのか，あるいはどのような効果をもたらしたのかについて，経験やみずからの主観，やりがいなどの，数値化できない基準で評価しがちである。この点についても，なるべく客観的かつ数的な評価や分析を徹底することへの努力を忘れないようにしたい。客観的な分析を経ることによって，職場の同僚や他の専門職，さらには今後同じ職場に勤めることになる後輩らに正確な情報を伝達することが可能となる。また，対象者やその家族などに対しても，情報を共有したり，説明責任（アカウンタビリティ：accountability）を果たしたりすることが可能となる。

さらに「つたえる」という役割には，これまで人々に気づかれないままであった声なき声に焦点をあて，その存在や生きづらさを広く社会に知らしめたり，その苦境の改善の必要性を訴えたりするという意味合いも含まれる。日本では，苦境にあってもそれに耐え，人に頼らないことが美徳とされがちであるため，人々が抱える様々な生きづらさが社会に訴えられる機会が少なく，人知れず悪化してしまう傾向にある。しかし，その生きづらさが制度の不備や社会の機能不全によって生じたものである場合，そのような人々の存在を広く伝えることで，社会とのつながりを取り戻すきっかけとなったり，また，同じような生きづらさを抱える人々に対して広く呼びかけ，勇気づけ，連帯を生み出したりする機会ともなる。

そして，「つたえる」機能を果たす重要な媒体として記録がある。相談援助における記録は，本人やその家族が書き遺す日記や手記と同様に，対象者が生

きた証となる。また，対象者の予期しなかった発言や回想などが記録されていることによって，今後の援助に何らかの示唆がもたらされることも少なくない。近年，官公庁により，公的な記録が改ざんされたり，破棄されたりするといった不祥事が相次いでいる。時として家族以上に，対象者と同じ時間や空間を共有し，つきあうことになる援助者は，後世に記録を遺すことが極めて重要な役割であることを改めて自覚し，自らの実践を通して広く社会に示していく責務がある。

5 ——つきつめる

　最後に「⑤つきつめる」という役割がある。例えば私たちは，「あなたは，自分自身のことを100％理解しているのか」と尋ねられたとき，それを肯定することができるだろうか。実際のところ私たちは，他者との関わりの中ではじめて，自分自身の新たな一面に気づかされることも多い。自分自身においてでさえそうであるのならば，私たちが他者，さらには援助の対象者を完全に理解することなど，到底無理なのではないだろうか。このような事実は，対象者をできる限り理解しようとし，そのことでより質の高い援助を展開しようと考える援助者にとって，厳しい現実として立ちはだかる。

　しかしながら「完全に理解することができない」ということは，言い換えれば「永遠に理解しようとすることができる」ということでもある。「つきつめる」とは，対象者に対して常に関心を寄せ，少しずつでも理解を深めようとする姿勢をもち続けるという援助者の役割を指している。

　まず援助者には，「無知の姿勢（Not Knowing）」で対象者と向き合うことが求められる。結果，対象者から教えを請うといった姿勢が備わり，対象者の状況や思いを一方的に決めつけることがなくなる。また対象者も援助者との関わりを通して，これまで気づくことのなかった自分の姿に気づき，自分自身をつきつめ，理解を深めていくことになる。

　当然のことながら，援助者の側でも，自分自身をつきつめ，理解を深めていくことが求められる。これは，相談援助の学びにおいて「自己覚知」と呼ばれるものである。自己覚知とは簡潔にいえば，自分自身の考え方やものの見方の傾向について，みずからで理解し，把握しておくことである。すべての人間が

全く同じ考え方，同じものの見方をもっていることはありえない。反面，何か統一的な考え方やものの見方だけで世の中のすべてを理解しようとすることにも無理がある。このような場合に，それぞれの個人が，自分自身がどのような考え方やものの見方をする人間であるのかを理解することによって，自覚されたみずからの考え方の癖や枠組みをコントロールすることが可能となる。

　このことに関連して，社会学者のウェーバー（Weber, M., 1982）が「価値自由」という概念を提唱している。私たちは事象を認識する際，あくまでも事実だけを客観的に捉えることが目指される。しかし，その認識の過程において，個々人がその生い立ちや文化などの中で身につけた固有の価値判断の影響を完全に排除することは難しく，どうしてもある種の偏りが生じてしまうことになる。そこでウェーバーは，人間の認識に偏りが生じざるを得ないという現実を受け容れ，これを前提としながら，個々人が，自分自身がとらわれている価値の根本を探り出し，向き合うことを通して，むしろその価値からの自由を得ることができるのだと考えた。つまり私たちは，自分たちが事象を認識する際に生じる偏りの原因となるものに向き合い，その実態を把握することで，それらをいったん横に置き，より冷静かつ自由な形（＝無知の姿勢）で事象を捉えることが可能になるのである。

　相談援助において，主役はあくまでも対象者本人であることを再度確認しておきたい。援助者は対象者の置かれた状況を十分に把握する必要があるが，その際，あくまでも対象者自身の考えや感じ方を最優先すべきであり，ここでも価値自由の姿勢が重要となる。対象者が考えたこと，感じたことを援助者の価値観に基づいて勝手に解釈することは，援助者が相談援助を主導することにつながるため，注意が必要である。

　ところで，自己覚知への努力に基づき，「私は○○と考えがちな面がある」という形で，自身への理解を深めることができた援助者が，さらに注意しなくてはいけないことがある。自己覚知はともすれば，自分自身に対する決めつけを強化することになる。先述した「変化の可能性」は援助の対象者だけではなく，援助者自身についても適用されなければならない。援助者といえども一人の人間であることに変わりはなく，常に変化し続けている。例えばいまこの場で，衝撃的なできごとが生じたり，圧倒的な影響力をもつ人物と出会ったりす

ることによって，みずからの価値観が覆されるようなことが起きないとは限らない。そこで特に相談援助職においては，自身の価値観や考え方の傾向を自覚しておくこと（これを便宜上「自己覚知Ⅰ」と呼ぶ）に加え，その影響の受けやすさ，移ろいやすさについても自覚しておくこと（これを同様に「自己覚知Ⅱ」と呼ぶ）が求められる。

 研究課題 ──────────────────────────────

1. 図8-1を見ながら，現在の自分自身における対人援助職としての「価値（こころ）」・「知識」・「技術」がどれだけ成長しているのか，3つのバランスがとれているのかについて考え，話し合ってみよう。
2. 自分自身が現在，どのような人や組織などに支えられているのか，これまでどのような人や組織などに支えられてきたのか，これからどのような人や組織などに支えられるのかについて書き出してみよう。逆に現在どのような人や組織を支える立場にあるのか，これまでどのような人や組織を支えてきたのか，これからどのような人や組織を支えるのかについても書き出してみよう。
3. 自分自身のものの見方や考え方の傾向としてどのようなものがあるのかを考え，話し合ってみよう。

推薦図書 ──────────────────────────────

●井手英策・柏木一惠・加藤忠相・中島康晴（2019）．ソーシャルワーカー──「身近」を革命する人たち．筑摩書房．
●木下大生・藤田孝典（2015）．知りたい！　ソーシャルワーカーの仕事．岩波書店．
●村瀬孝生（2018）．増補新版　おばあちゃんが，ぼけた。．新曜社．

第 9 章
相談援助の実際

1節 相談援助の流れ

　相談援助の流れを図に示すと，図9-1のようになる。図の実線は援助を前へ進める動き，点線は以前の段階にもどり，援助をやり直す動きである。いずれも一つの流れとして示されており，ある局面だけを抜き出すことには本来向いていないが，便宜上それぞれの段階に名称がある。援助の進行に応じて，援助者が配慮したり注意したりする内容は変化する。しかし，援助を進めようとする力と引き戻そうとする力とがぶつかり合い，せめぎ合う中で展開されることが常であるため，どのような段階であっても，すべての段階が連続していると意識する必要がある。また，図に見られるように，援助の流れと平行して，援助チームを組織し，成長させていく流れが存在している。

1——インテーク

　まず，援助の最も初期の段階では，対象者と援助者が協働関係を確立し，援助を展開するか否かの判断がなされる。当初，対象者は自分の置かれている状況を正確に把握できていないことが多い。しかしこの段階では，対象者が巻き込まれている生きづらさの広がり・仕組みの全体像を明らかにするよりも，協

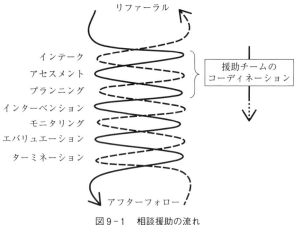

図 9 - 1　相談援助の流れ

出所：筆者作成。

　働関係の構築を優先する。対象者の主観や感情に焦点をあて，それらをできる
だけ表出してもらうよう，なるべく聴き手としての姿勢を大切にする。一方で
緊急性の有無を確認する必要がある。命の危険が迫っているなど，問題の緊急
性が高い場合には，身の安全を確保するなどし，まずは喫緊の課題を優先的に
解決する必要がある。

　一定の情報収集を行った後に，問題の解決に向けて援助を展開できるか否か
の判断を行う。判断を下す以上，対象者にとって納得のいく説明がなされなけ
ればならない。援助者は，自身および所属先のできること・できないことなど
を正確に把握（自己覚知）した上で，対象者に対してでき得る限りの説明責任
を果たすようにする。対象者がこちらに求める内容と援助者が提供できる内容
が適合するようであれば，援助に向けた協働関係が成立する（インテーク）。逆
に適合しないようであれば，より適切な援助者や組織を紹介する（リファーラ
ル）。援助者や組織の力量不足や，問題と援助の不適合などの理由で援助が展
開できないのにもかかわらず，安易に援助を引き受けてはならない。そのこと
で問題をより複雑かつ重篤なものにする可能性があるからだ。そこで，リファ
ーラルの際には，再び不適合が生じないよう紹介先の選定に細心の注意を払わ
なければならない。不適合が複数回繰り返されること（いわゆる「たらい回し」）
は，対象者の援助へのモチベーションを低下させ，援助者や援助機関などへの

不信感を募らせてしまうことになる。

　周囲の人々から問題があると認識されているのにもかかわらず，対象者本人が援助を拒み続けることもある。そのようなときは援助者の側から対象者の住居などに赴くことがある。これをアウトリーチという。とはいえ，介入をかたくなに拒否されることも多い。近隣との協力のもとで，「あなたを気にかけている人がいる」という事実を伝える（例えば，ドアに連絡先を記したメモなどを挟んでおく）などしながら，粘り強くはたらきかけることで，徐々に対象者の警戒を解き，援助へとつなげていくことも多い。

　援助を展開することが確認・同意された時点で，対象者と援助者は対等な立場で，互いの役割や責任などについて話し合う。そして相互の信頼のもとで，問題の解決に向けて協力して取り組む意思を共有する。

2 ── アセスメント

　協働関係の成立後に重要となるのは，解決すべき「生きづらさ」がいかなるものであるのかを正確に認識すること（アセスメント）である。アセスメントの段階では，根拠となるデータや記録，証言などを集めながら，なるべく客観的に情報を把握し，根拠づけたり裏づけたりしながら整理することに力点が置かれる。この際，第8章で示した広がり・仕組みの視点と時間の流れの視点が有効となる。

　まず広がり・仕組みの視点をふまえ，本人はもちろん，家族や近隣，職場，学校などから情報を収集する。また，他専門職（医師や教員，カウンセラーなど）からの情報も重要となる。援助者が対象者の生活の場や職場に直接赴くこともある。収集する情報の内容は，対象者の心身の状況はもちろん，対人関係や余暇の過ごし方，現在利用している制度やサービスの実態など多岐にわたる。また，いまだ表出されておらず，今後時間を追って明らかになるような隠された問題の存在をあらかじめ探ることにも気を配る。

　時間の流れの視点からは，対象者の生育歴や，生きづらさを抱えるに至った経緯に関して，また，今後どのようにしていきたいのかといった未来への展望に関する情報を引き出していく。さらに生きづらさに関するマイナス面の情報だけではなく，対象者の強みやこれまでの経験，支えとなっている人間関係な

ど，今後の援助に活用できるようなプラス面の情報を収集することも忘れては
ならない。

　広がり・仕組みと時間の流れの視点に基づくと，収集する情報量が膨大とな
り，収拾がつかなくなる怖れがある。そこで，生きづらさの全体像がある程度
把握できた時点で，どこまでの範囲で援助を展開するのか，また，さしあたっ
ての問題は何かなど，その都度情報の整理と分析，取捨選択を行っていく。対
象者を取り巻く状況は常に変化している。対象者に関する情報を一定の期間収
集し，分析し，とりまとめただけで完結すると考えるのではなく，それらが常
に「変化の可能性」を有していることを意識しなければならない。さらに，援
助者自身が，対象者の話を聴き，情報収集をし，援助をするという意味におい
て，すでに対象者を取り巻く状況の一部であるという自覚をもつ必要がある。
対象者の生きづらさを分析するということは，常に援助者自身を分析すること
（自己覚知）にも通じている。この気づきは，第8章で示した「お互いさまの視
点」を想起させる。

3 ── プランニング

　情報の収集と整理を繰り返す中で，援助をどのように進めていくのかについ
て，計画を立案する段階（プランニング）に入っていく。援助の計画においても，
どの範囲で（広がり・仕組み），どのくらいの期間で（時間の流れ）ということに
ついて検討する。広がり・仕組みの面では，どのような専門職やサービス，組
織などとつながり，活用していくのかを考える。また，時間の流れの面では，
援助の結果，どのようなゴールが達成されるのか，周囲の状況がどのように変
化するのかを見定めた上で，これからクリアしていかなければならない段階ご
との課題を考える。このとき，対象者の希望と援助者の思いが一致しない場合
には，対象者の思いをできる限り優先しながら調整をはかる。あるいは，援助
者が複数の選択肢を示して，対象者に選んでもらうといった方法をとる場合も
ある。

　最終的な結果と段階ごとの課題との間に一貫性をもたせ，援助の範囲が多岐
にわたる場合には優先順位をつけるといった配慮も行う。このとき援助者には，
最終的な結果の達成に向けて，クリアすべき課題を細分化・段階化していく能

力が求められる。

　例えば，ゲームへの依存のために体調不良となり，職場を解雇された人に対して，「再就職する」という最終的な目標に向けた援助を行うといった事例の場合，どのような段階を踏めばよいか考えてみよう。「ゲームへの依存をなくす」や「生活リズムを整える」，「体力をつける」，「失業保険を申請して当面の生活費を確保する」など，様々な課題がある。援助者は対象者や周囲の状況に合わせ，取り組みやすさなどを考慮しながら，これらに優先順位をつけ，援助計画の立案をサポートする。この場合，なるべく取り組みやすい課題（例えば「生活リズムを整える」→「朝○○時までに起床する」）をはじめに置き，それをやり遂げることによって対象者に達成感が生まれ，後に続く援助に対するモチベーション向上につながるように配慮する。

　援助計画はアセスメントと同様に，援助の進行に沿って見直す必要があるため，その見直しの時期についてもあらかじめ想定しておく。援助計画が固まったら，援助者と対象者は，互いの役割や責任について相互に確認する。援助の内容によっては費用が発生するため，相互の責任はより重いものとなる。必要な費用については漏れがないように算出・確認し，双方で共有しておくことが大切である。

4——コーディネーション

　図9-1では，ここまでの3つの段階と平行して，援助チームのコーディネーションの活動が展開されることが示されている。これは，対象者との協働関係構築以降，特にアセスメントやプランニングの段階において，対象者を援助する広がり・仕組みを，援助者が中心となって構築することの重要性を示したものである。第8章で触れたとおり，対象者の生きづらさが広がり・仕組みとして存在している以上，その援助も広がり・仕組みとして提供される必要性がある。援助者は対象者に関するアセスメントやプランニングの機会を通して，対象者の生きづらさに関する専門的な知識や技能を有した他分野の専門職と接触し，報告・連絡・相談することなどを通してつながりをもち，援助の広がり・仕組みに結びつけていく。

　とはいえ，まずは対象者自身が援助の主体・主役であることを忘れてはなら

ない。アセスメントやプランニングなどの場面で，常に対象者の意見に耳を傾け，尊重・優先する姿勢を大切にする。その他にも家族や近隣，友人などにも助言を求め，援助の広がり・仕組みに結びつけていく。

さらには実際に活用することが見込まれる施設や行政機関，実施されているサービスなどへの情報収集を積極的に行い，つながりを構築しておく必要がある。地域にそのような資源が存在していない場合，あるいは，うまく機能していない場合には，新たに資源を創造し，援助の広がり・仕組みに活かしていくような取り組みも行う。

援助者には，他専門職や対象者の家族，地域住民など多様な存在をつなぎ，対象者やその家族を中心とする一つの広がり・仕組みとしてまとめあげるとともに，それぞれの情報のやり取りや共有を活発にしながら，チームとして機能していくように成長させていく役割が求められる。援助者は，援助の初期段階からチームのコーディネートを念頭に置き，時間をかけてチームづくりを行っていく。その際，対象者をはじめ，家族やほかの専門職を含めたチームでのアセスメントやチームでのプランニングを実施する機会を多くもつように意識する必要がある。援助チームの構築は，その後に続く諸段階においても，多様な視点と多角的な分析を実現する上できわめて有効である。

5——インターベンションとモニタリング

これまでの段階の中で構築された援助の広がり・仕組みにより，援助計画に基づいたサービスが提供されることになる（インターベンション）。この間，援助者は対象者に助言を与えるなどし，対象者を主体とする姿勢を維持しながら側面的に支えていく。もちろん計画に沿って直接的な援助を提供する役割を担うこともある。

また，援助者は援助の広がり・仕組みがうまく機能しているのか，援助計画通りに進行しているのかについてその都度確認するとともに，対象者の状況の変化や成長，満足度などについてもデータや証拠を収集しながら分析していく（モニタリング）。対象者を取り巻く状況は刻一刻と変化することから，モニタリングは定期的に実施するよう心がけたい。その結果，援助の効果が見られなかったり，対象者の状況の変化と現状の援助計画が適合しなかったりした場合，

再度アセスメントを行う。また，モニタリングの結果，現行の援助の広がり・仕組みが不十分であるとわかった場合には，援助チームを組織し直すといった活動にも取り組む。これは図9-1では，援助が実線の流れから点線の流れに移行した上で前段階に戻り，再び援助がやり直されるということになる。

　以上のように，モニタリングの段階が起点となり，再度アセスメントを行ったり，援助計画を立て直したりといったことが頻繁に起きる。援助者は対象者を取り巻く状況の変化にいち早く気づくためにも，客観的な立場に身を置きながら，援助の流れ全体を把握できるように配慮する。また，モニタリングの段階でもチームによる取り組みは欠かすことができない。援助に携わる家族やほかの専門職などの関係者を交え，なるべく多様な視点から援助の進行状況などを確認することが大切である。

6──エバリュエーションとターミネーション，アフターフォロー

　援助の広がり・仕組みの構築とその提供が一定の成果を上げ，当初の目的を達成すると考えられる場合，援助者と対象者の協働関係の解消に向けた取り組みに入る。関係の解消には，それを判断する根拠が必要となるため，援助全般に対する客観的な評価（エバリュエーション）を行い，確認することとなる。

　これまでと同様，評価においても広がり・仕組みおよび時間の流れの視点を意識しながら，客観性を確保し，根拠に基づいた裏づけを意識して実施される。さらには援助チーム全体が参加できるように心がける。まずは，評価を行うための判断材料（例えば各専門職が記した援助の記録など）を広く収集する必要がある。また，対象者や状況の変化などは，何らかの指標により数値化されたデータ（例えば満足度調査など）を用いることで評価しやすくなる。変化を把握し評価するためには，ある特定の場面のデータだけではなく，「1か月後の様子」，「3か月後の様子」といった形で，データが時系列に整理されていることが望ましい。生活上の問題が解決したのか，新たな問題が生起していないのかなどについても確認することも必要であるし，客観的な評価とともに，対象者や援助チームの構成員などの主観的な受け止め方や評価（例えば達成感など）についても参照する。

　問題の解決だけではなく，対象者がもともと有していた強みや能力などがど

れだけ向上したのか，また，それらを援助に活かすことができたのかといった，プラス面に焦点をあてた評価も行う。実感が伴う形で，対象者がみずからの強みや成長を実感することは，援助終結後の不安を軽減する上でも効果的である。なぜなら，援助者の手を借りるまでもなく，自分自身で生きづらさに対処できる能力が向上したということになるからである。

一方，援助者や援助チームにおいても，援助の過程における個々人の成長や，チームとしての力が有効に機能したのかなどについての自己評価を行う。多方面からの客観的な分析に基づき，援助の結果が確認できたことをもって，対象者と援助者の協働関係は解消され，援助は終結（ターミネーション）する。ただし，これまで時間をかけながら築き上げられてきた協働関係が解消されてしまうことは，対象者や援助者に大きな影響（例えば喪失感など）を生む。対象者が援助者に対してやりきれない感情をぶつけるといったことも起こり得る。援助者はインテーク段階と同様，対象者の主観や感情に焦点をあて，それらに耳を傾けつつ，協働関係の緩やかな解消に向けて細心の注意を払う。同時にこの協働関係の解消が援助者自身に与える影響についても，自己覚知を通して把握しておかなければならない。

新たな問題の発生が確認されたり，援助が望ましい結果につながらなかったと判断されたり，援助者および現状の援助チームでは対応できなくなったと考えられるような場合には，その解決に向け，より適切な援助機関へのリファーラルや，援助チームのさらなる強化に取り組む。この場合，対象者はリファーラル先の援助者と新たに協働関係を結ぶことになるため，これまでの協働関係が終結したり，強化された新たなチームのもとで，協働関係が継続されたりすることとなる。

援助が滞りなく進行し，望ましい結果が実現するようなことはまれである。終結は常に暫定的なものであり，新たな生きづらさに向き合うスタートでもあるという認識が必要である。協働関係が解消された後も，援助者につながる連絡先を伝えたり，その後の生活の様子について折を見て連絡して尋ねたりと，対象者にとって，援助者が今後も頼ることができる存在であることを意識づけておく（アフターフォロー）。

冒頭で示したとおり，援助の諸段階は一つの流れとして，不可分な形で相互

に浸透しあっている。インテークの段階であっても，そこでの情報収集はアセスメントにも通じ，今後の展望について話が及ぶ場合には，プランニングを意識せざるを得ない。また，インテークの段階において，対象者の主観や感情に焦点を合わせて傾聴したことにより，対象者が前向きな気持ちになることもある。この場合，インテークにおける傾聴がインターベンションとして機能し，対象者の「だれかに話を聴いてもらいたかった」というニーズは満たされたことになる。援助者は図9-1をふまえ，援助の流れ全体を常に意識しながら，「いまどの段階であるのか」，「これからどの段階に立ち戻るのか」などを冷静に判断できるようにしなければならない。

 ## 2節　相談援助で用いられる技術や技法

相談援助で用いられる技術や技法は，対象者の生きづらさの解消に向け，時代の変化に合わせ，関連する学問領域の成果を取り入れ，実践する中で発展してきた。ここでは，第8章およびこの章で説明した援助を展開する上で必要な技術や技法に絞って紹介する。

1──コミュニケーション技法

人間に関わる専門職である以上，対人コミュニケーションへの深い理解と，それに基づいた技法の修得は欠かすことができない。対象者や家族との面接，職場の同僚との情報共有，さらには他の専門職や地域住民とつながりを構築する場面など，援助のあらゆる場面でコミュニケーション技法が基本となる。

対人コミュニケーションにおいては，言語よりも，身振り手振りや表情なども含めた非言語が占める割合が多いとされる。また，話し言葉のように意図的に発することができるものもあれば，驚いたときの叫び声のように，無意識のうちに発せられるコミュニケーションもある。援助者は，関わる相手がどのようなコミュニケーションの傾向をもっているのかを見極め，それぞれの傾向に沿った対応ができるようにしておく。同時に，みずからのコミュニケーションの傾向についても自己覚知しておく必要がある。援助者のはたらきかけの工夫によって，単なる会話以上の情報収集が可能となったり，協働関係の構築が促

進されたりする。

　また，援助者にはみずからのコミュニケーションをある程度コントロールする能力が求められる。例えば，目線を合わせたり，相手の話にうなずいて応じたり，相づちを打ったりといった，相手の話に耳を傾ける態度の工夫もさることながら，質問の投げかけ方にも様々な技法がある。相手の思いや感情の表出を促すために，オープンクエスチョン（「今日はいかがですか」といった問いのように，答える側の自由度が高くなるような質問）を投げかけたり，逆に事実確認や意思確認を目的とした，答えが限定されるクローズドクエスチョン（「○○が〜したということですか」という形で，極端に言えば「はい」／「いいえ」でしか答えられないような質問）を投げかけたりする。応答が曖昧な内容の場合には，同じ質問を繰り返したり，話の内容を要約して相手に投げかけたりして，より正確な事実を把握するように努める。

　対象者は，援助者への信頼のもとで話している。その発言を頭ごなしに否定・非難せず，まずは無条件で受け容れる姿勢を示すことが大切である。例えば沈黙の場面であっても，それは対象者や援助者が自分の内面と向き合ったり，懸命に考えていたりしている場面であるとも考えられる。あるいは，沈黙のまま一定の時間と空間を共有できていることこそが，互いの信頼関係が深まっている証拠であるともいえる。

　第8章で述べたように，人間は，他者との関わりを通して自分自身への理解を深めるといった面がある。対象者と援助者の関わりが相互の自己覚知を深めるということを念頭に置き，対象者によって表現された感情や思いなどをあえて言語化し投げ返すこと（例えば，「大変なご苦労をされたのですね」，「とてもつらい思いをされたのですね」など）も有効である。

　援助者は，意識的に「私は〜」という言葉を用いてみずからの意見や見立てを伝えるようにする。あくまでも援助者個人の見解であると強調することで，対象者や他の専門職も，個人の見解としてみずからの意見や見立てを表出しやすくなる。それぞれの見解が表明されることで，相互の理解が深まるとともに，違いを認め合った上での対話が促進されることになる。

2——チームやグループを運営する技術

　第1節で，援助の過程と平行して，援助のためのチームを組織し，コーディ
ネートすることの大切さについて言及した。今後援助者は，対象者との1対1
の関わりだけではなく，対象者や家族，他の専門職を含めたチームを組織し，
運営していくための技術に通じておく必要がある。

　チームを組織する場合，目的に向けて各メンバーがどのような役割を果たす
のかについて，明確にしておく。また，個人の力が組み合わさった結果，一つ
のチーム全体としてどのような力が発揮できるのかについても確認しておく。
一方，チームとしての一体感が強調されすぎると，メンバーの個性や多様性が
抑制される危険性がある。援助者は，組織やグループのもつ拘束力や，メンバー
のチームへの依存度の高まりについて，常に注意深く見守る必要がある。

　さらには，チーム内の意見のやり取りがスムースにいくように，援助者がす
すんでメンバーの意見を引き出したり，とりまとめたりしていくことが求めら
れる。メンバー同士のやり取りが活発になることで，情報が曖昧なものからよ
り具体的なものになったり，また，メンバーが互いに刺激し合うことで新たな
アイデアが生まれたり，それぞれの個性や違いがより明確になったりというこ
とが生じる。多様な視点や見解が提示され，それぞれが尊重されながら共存で
きる場の存在は，対象者をはじめとするチームのメンバーに安心感をもたらす。
というのも，一つの意見やアイデアがうまくいかなくても，それに替わる別の
意見やアイデアが，無数に存在しているため，想定外の状況が生じた際にも柔
軟に対応できる可能性が高まる。援助者はこのように安心でき，自由に意見を
述べ，対話することのできるチームづくりを心がけなければならない。

　もちろん，援助チームだけではなく，同じ生きづらさを抱えた対象者同士で
支え合いのグループ（ピアグループ／セルフヘルプグループ）を組織して援助に
活用したり，あるいは，対象者の居場所として提供したりする場合もある。こ
のようなグループにおいても，対象者の個性や意見を尊重し，それぞれが他者
との関わりを通して自分自身への理解を深め，成長できるような場づくりへの
配慮が必要となる。

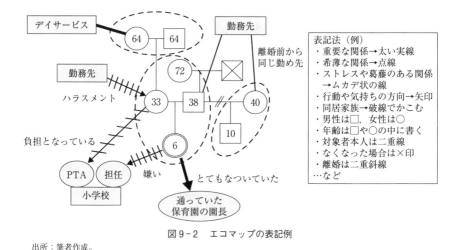

図9-2　エコマップの表記例

出所：筆者作成。

3 ——図像化の技法

　援助者が対象者の生きづらさを把握したり，援助の仕組みを展望したりする際に，情報を整理しながら図像化していくことがある。代表的なものにエコマップ（図9-2）やタイムライン（図9-3）などがある。エコマップでは，対象者（図9-2では◎）を中心にして，家族や近隣，職場や学校，地域のサービス組織・団体などを周囲に配置し，それぞれの関係について記入する。対象者の生きづらさの状況を広がり・仕組みとして把握する際に有用である。

　一方，タイムラインは，対象者（図9-3ではA子さん）の生育歴や今後の見通しなどの時間の流れを，年表のような形で記していく。複数名の時間軸を平行して記入することもでき，各自に共通するできごと（ライフイベント：例えば結婚や出産など）が生じたときのそれぞれの状況を同時に把握できる。

　図像化する際には，職場や連携先などと協議し，表記のルールを取り決めておく。そのことで，対象者の情報を共有する際の有効な手段となる。図像化により，対象者や家族，他の専門職による，生きづらさの状況への理解が深まるとともに，イメージを共有することが可能となるため，援助チームの連携の促進も期待できる。加えて，対象者が，みずからの生きづらさについて客観的に把握し理解することができる。

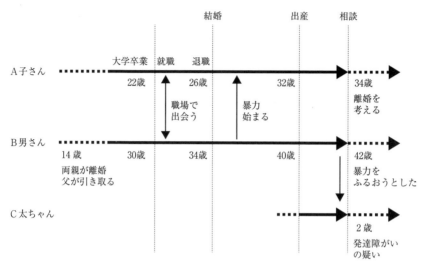

図9-3　タイムラインの表記例

出所：筆者作成。

4 ——情報を取り扱う技術

　援助者は，援助に活用するという名目で，対象者の生い立ちや経済状態，既往歴に至るまで，あらゆる情報を収集できる立場にある。時として，対象者の生活の場に直接足を踏み入れることもある。また，よりよい援助のために，他の専門職から情報の提供を求められることも多い。これらはすべて，対象者との信頼関係のもとで行使することができる。逆にいえば，これらの情報の取り扱いを間違った場合には，対象者からの信頼はもちろん，援助チームからの信頼や社会的な信用を失いかねない。役割の特性上，多様かつ大量の情報を取り扱う援助者には，特に慎重さや丁寧さが求められる。

　まず，入手した情報に根拠や裏づけがあるのかについて，検討する姿勢を大切にしたい。もちろん，あらゆる情報に根拠や裏づけが必要であるとは限らないが，少なくとも，与えられた情報を何の疑いもなく鵜呑みにすることが減る。また，対象者に関する情報を多職種間で共有する必要がある場合には，その理由を対象者に説明し，了解を取るといった確認作業を怠らないようにする。今後，多くの対人援助の職場で情報通信機器の導入が進むことが予測される。情

報通信機器における情報の管理や秘密の保持の強化や，コンピューターウイルス感染による情報の漏洩などに対する最大限の備えが求められる。

　第8章で，援助者の「つたえる」役割を果たす媒体としての記録の重要性について触れた。記録を遺す際には，援助者や一部の専門職にしか理解できないような記述は避け，対象者やその家族などを読者に想定しながら，だれにでも理解できる簡潔な記述を目指す。また，客観的に把握できる事実と，援助者の主観や印象，思いなどを明確に区別し，書き分けるといった配慮も必要である。一見，客観的な記述のように見えて，主観的な記述になるようなことも少なくない。例えば「腕に大きなアザがあった」という記述について考えてみよう。アザの大きさの感じ方は，記録者の主観によって異なる。これを「腕に直径5センチのアザがあった」と記述すれば，より客観的な記述となる。このように，数値化することで客観的に記述するといった工夫も必要となる。

 研究課題

1. 保育士などの資格取得をゴールとしたとき，それを達成する前提として，これからの学びの中でどのような細かな課題をクリアしていけばよいかについて計画を立て，優先順位をつけながら書き出してみよう。
2. 自分自身にとって居心地がよいと思われる実在のチームやグループを思い描き，そこではどのようなコミュニケーションが行われているか，また，居心地がよいと感じられる理由は何かを具体的に書き出してみよう。
3. 図9-2および図9-3を参照しながら，自分自身の現時点でのエコマップと現時点までのタイムラインを作成してみよう。

推薦図書

● 川畑隆（編著）（2015）．子ども・家族支援に役立つアセスメントの技とコツ——よりよい臨床のための4つの視点，8つの流儀．明石書店．
● 八木亜紀子（2019）．相談援助職の「伝わる記録」——現場で使える実践事例74．中央法規出版．
● 大谷佳子（2022）．対人援助のスキル図鑑．中央法規出版．

「よいところ探し」の落とし穴

　近年，相談援助の分野では，「ストレングス」ということがさかんに言われるようになった。ストレングスとは，利用者個人のもつ能力や強み，これまで培ってきた人間関係や過去の経験などを総称したものである。

　以前の援助者は，利用者の問題やマイナスの部分を探し，それらを解決することに躍起になっていた。だが徐々にこういった「問題ありき」の援助者の姿勢が批判されるようになってきた。というのも，援助者が問題探しに夢中になるあまり，利用者が自覚していない問題まで見つけ出しはじめたからである。「私は専門の教育を受けてきたのだから，あなたが自覚していない問題まで見つけることができる」ということであろう。しかしこれでは，援助者が自分で問題を見つけ出し，それを自分で解決しているだけである。このような援助者の自己満足の姿勢が問題視されたのである。

　ストレングスはこのような批判をかわす考え方であるとされた。「これからの援助者は利用者のよいところも探していきます」というわけである。しかし，この「よいところ探し」の姿勢は，批判に対する解決策にはなっていない。なぜなら，批判されているのは専門の学びを後ろ盾にして問題を見つけ出す，援助者の身勝手な姿勢であるからだ。悪いところがよいところに替わったところで，その姿勢に変化はない。結局「私は専門の教育を受けてきたのだから，あなたが自覚していないストレングスを見つけることができる」ということでしかなく，援助者が自己満足している点では同じである。

　いくら専門的な学びを受けた者がお墨つきを与えたとしても，結局は，利用者自身が問題やストレングスについて，自分のこととして向き合い，実感し，受け容れるというプロセスを経なければ意味がない。援助者に求められるのは，利用者と同じ時間や空間を共有する機会を，地道に積み重ねていく姿勢である。援助者とともに過ごした時間や空間の積み重ねという裏づけがあってはじめて，利用者は自らの問題やストレングスを自分のこととして受け容れることができる。

　安易によいところ探しをして自己満足する援助者ではなく，「急がば回れ」という気持ちで，じっくりと利用者と向き合うことのできる援助者を目指してほしい。

第Ⅳ部

社会福祉における利用者の保護に関わる仕組み

　戦後の社会福祉は，日本国憲法第25条を根拠に国民の権利を前提につくられた制度である。しかし，実際はサービスの利用を選択できない「措置」という手続きを経て援助が行われる仕組みであったため，サービス利用者の権利を保障したものとはなっていなかった。

　社会福祉基礎構造改革あるいは社会福祉事業法改正では，サービスの利用を措置から契約に変更し，苦情解決制度を創設する等，サービス提供者と利用者の関係を対等なものとし，利用者の権利を守り保障していくために様々な仕組みづくりを行った。また，第三者評価を代表に，福祉サービスの質の確保や利用者の適切なサービス選択への取り組みも行われている。利用者の権利を侵さない，利用者の権利を守る，利用者の権利を代弁する働き方と機能について，第Ⅳ部では，第三者評価，情報公表，後見制度，日常生活自立支援事業，苦情解決を通して，利用者保護の考え方と仕組みを学ぶことをねらいとする。

第❿章
利用者の権利を守る
制度の変遷と情報公表

　人は，誰でも生まれながらにもっている権利がある。しかし，すべての人が自分の権利を主張でき守れるわけではない。例えば，貧困，児童，障害，高齢，マイノリティ等の理由により，社会から不当に権利を搾取・略奪され，生きづらい状況にある人もいる。

　誰もがもっている権利を社会福祉の制度やサービスを利用する際に守り，保護するために利用者保護の仕組みがある。

1節　利用者保護の目的

　日本の社会福祉制度を振り返ると，戦後に生活困窮者対策を前提に構築され，その後約50年間維持されてきた。その間，日本社会は，少子高齢化や国際化の進展，家族機能の変化，障害者の自立と社会参加の進展に伴い，社会福祉制度についても，かつてのような限られた者の保護・救済に留まらず，国民全体を対象として，その生活の安定を支える役割を果たしていくことが期待されるようになった。そこで，社会福祉の基礎構造を抜本的に改革することが求められた。これらの社会福祉制度を見直し，個人が尊厳をもって家庭や地域の中でその人らしい自立した生活が送れることを理念とし，人権や権利を守る仕組みづ

くりが求められ，始まったのが社会福祉基礎構造改革である。1998年に，中央社会福祉審議会社会福祉構造改革分科会が「社会福祉基礎構造改革について（中間まとめ）」を公表し，以下の改革の基本的方向が7つ示された。

①サービスの利用者と提供者の対等な関係の確立

②個人の多様な需要への地域での総合的な支援

③幅広い需要に応える多様な主体の参入促進

④信頼と納得が得られるサービスの質と効率性の向上

⑤情報公開等による事業運営の透明性の確保

⑥増大する費用の公平かつ公正な負担

⑦住民の積極的な参加による福祉の文化の創造

　これらの基本的方向をふまえ，社会福祉基礎構造改革が2000年に施行された。特に①④⑤については，社会福祉の増進のための社会福祉事業法等の一部を改正する等の法律が出され（社会福祉事業法は社会福祉法へ改称），福祉サービス利用者の利益を保護し，選択を支援する新しい仕組みが具体化された。

1 ——措置から契約へ

　現在，多くの福祉サービス（以下，サービスとする）の利用が「措置」から「契約」へ転換された。措置とは，例えば，特別養護老人ホームなどの福祉施設への入所やデイサービスなどの在宅サービスの利用を希望した際，そのサービスを決定する権限を行政がもっており，この行政の決定がなければサービスを利用することができないという仕組みである。この措置の問題点の一つは，サービス利用者の権利性が明確でないことにあった。どこのサービスを利用するかという選択権も与えられておらず，サービス利用者は，サービス提供者と対等の関係ではなく，弱い立場であったといえる。しかし社会福祉基礎構造改革により，サービス利用者と提供者が直接契約することにより，対等な関係に基づきサービスを選択・決定する契約という仕組みが導入された。利用者がサービスを選択し利用をする仕組みは，分野ごとに違いがあるが，現在では，措置に代わって主流になってきている。高齢者の介護を，家族だけでなく地域や社会全体で支え合う制度として2000年に始まった介護保険制度にその典型例をみることができる。また，保育所も1998年施行の児童福祉法改正により，入所方

式が措置から選択利用方式に変更され，障害福祉分野においても，2003年度からの支援費制度施行以降，措置から大きく変換し，障害のある人が自分の意思でサービスを利用・決定できるようになっている。

　なお，措置は完全に廃止されたわけではなく，分野によっては選択・契約による利用に馴染まない状況にある人については，従来通り措置によるサービス利用の道も開かれている。例えば，児童養護施設や乳児院などの社会的養護の施設の利用や，介護している高齢者を家族が虐待し，生命または身体に重大な危険が生じているおそれがあると認められるため，特別養護老人ホームを利用する等の場合である。なお，社会的養護とは，「子どもの最善の利益のために」「社会全体で子どもを育む」を理念とし，保護者のない児童や，保護者に監護させることが適当でない児童を，公的責任で社会的に養育し，保護するとともに，養育に大きな困難を抱える家庭への支援を行うことである。

2 ── 利用者保護の仕組み

　措置から契約へと移行したことで，従来の与えられる福祉（措置）から，自分の責任で選択・契約を行い，福祉サービスを利用（契約）する仕組みに変わった。そのため，サービスの利用者は，選択するための情報が必要となった。皆さんは，進学先を選ぶ際には，偏差値や学費，学習環境，就職率等の情報を得て選択していると思うが，サービス利用者も選択を行うには，比較ができ，正しくわかりやすい情報が必要である。このように，福祉サービス事業所の情報を公表する仕組みが求められるようになったのである。

　また，利用者がサービスを選択する仕組みとなり，サービス利用者と提供者の立場が対等となったと述べたが，完全に対等な立場になったとは言い難い状況である。例えば，特別養護老人ホームや保育所の利用には待機者や待機児童がいる場合が多く，すぐに施設を利用することができないことや，過疎地などでは，選択できるほどサービスが整っていない現状がある。サービス利用者は，サービスがなければ生活できない環境である場合が多く，このようにサービス基盤が未整備な状態では，選択権のない状況に置かれている。そのため，サービス利用者は，利用料が高いとか，食事がおいしくないとか，職員の声かけや対応方法に不服があっても，利用を中止したり，退所できないといった状況に

陥ることになる。このような社会福祉サービスの質が低下することを防ぎ，利用者が我慢をしてサービスを利用し，その結果，利用者の権利が侵害されるということを防ぐための仕組みが第三者評価と情報提供である。

2節. 第三者評価と情報公表

　現在，社会福祉の分野でも，多くの事業所でホームページが作成され，法人や事業所の概要，サービス内容や日々の様子を綴ったブログなどが掲載されている。自分の意思でサービス事業者を選択できるような制度に変化した中で，事業所は利用者に選別される時代となった。そのため，よりよいサービスを提供すれば多くの利用者に選択されるといった市場原理も生まれ，評価や情報提供が，利用者が施設を選択するための一つのツールとなった。この福祉サービスの質の向上や利用者が客観的な情報を得るための代表的な仕組みが，第三者評価と情報公表制度である。

1 ——第三者評価

(1) 第三者評価とは何か

　第三者評価とは，社会福祉法改正後の2001年に開始された事業で，事業者が提供するサービスの質を当事者（事業者および利用者）以外の公正・中立な第三者機関が，専門的かつ客観的な立場から評価する事業である。

　社会的養護施設（児童養護施設・乳児院・母子生活支援施設・児童心理治療施設・児童自立支援施設）に関しては，子どもが施設を選ぶ仕組みでないことや，被虐待児が増加し，施設サービスの質の向上が求められたことより，2012年度から3年に1度の受審が義務化された。

　その他の高齢者・児童・障害者の各福祉施設の第三者評価の対象となる事業所の受審は任意となっているが，社会福祉法第78条第1項で，福祉サービスの質の向上のための自己評価等の実施が努力義務とされており，事業者の積極的な受審が望まれている。また，第2項には，国がこれを支援することが求められている。

第78条（福祉サービスの質の向上のための措置等）

　第1項　社会福祉事業の経営者は，自らその提供する福祉サービスの質の評価を行うことその他の措置を講ずることにより，常に福祉サービスを受ける者の立場に立つて良質かつ適切な福祉サービスを提供するよう努めなければならない。

　第2項　国は，社会福祉事業の経営者が行う福祉サービスの質の向上のための措置を援助するために，福祉サービスの質の公正かつ適切な評価の実施に資するための措置を講ずるよう努めなければならない。

　受審が任意である社会福祉事業と受審が義務である社会的養護施設の第三者評価の仕組みついては，表10-1のように，利用者調査や結果公表の義務等にも違いがある。

　サービス事業所は，この第三者評価により，事業運営の具体的な問題点や強みなどを把握することができ，事業の透明性を確保し，サービスの質を向上さ

表10-1　第三者評価事業／社会的養護施設第三者評価事業の仕組み　比較一覧表

	社会福祉事業共通の第三者評価の仕組み（2004年通知）	社会的養護関係施設についての第三者評価の特別の仕組み（2012年通知）
法的な位置づけ	社会福祉法（昭和26年法律第45号）	児童福祉施設の設備及び運営に関する基準（昭和23年厚生省令第63号）
受審	規定なし（受審は任意）。	3年に1回以上受審しなければならない。
評価基準	都道府県推進組織が策定した評価基準。	全国共通の第三者評価基準。ただし，都道府県推進組織が独自に策定可能。
評価機関	都道府県推進組織が認証した評価機関。	全国推進組織が認証した評価機関（全国で有効）。ただし，都道府県組織が認証した評価機関も可能。
研修	都道府県推進組織は，評価調査者養成研修及び評価調査者継続研修を行う。	全国推進組織は，社会的養護の施設に係る評価調査者養成研修及び評価調査者継続研修を行う。ただし，都道府県推進組織の認証の場合は都道府県推進組織が研修を行う。
利用者調査	利用者調査を実施するよう努める。	利用者調査を実施する。
結果公表	公表することについて事業所の同意を得ていない第三者評価結果については，公表しない。	全国推進組織が，評価機関から報告を受け，評価結果を公表する。なお，都道府県推進組織でも重ねて公表可能。
自己評価	利用者調査を実施するよう努める。	利用者調査を実施する。

出所：全国社会福祉協議会ホームページをもとに作成。

せることができる。利用者にとっては，第三者評価が公表されることにより，サービスを選択しやすくなることから，双方にとって有益な制度であるといえる。

　事業所が，法令などで定められている最低基準を満たしているか定期的に確認する行政監査もある。第三者評価は，行政監査とは違い，利用者の立場からサービスの水準を評価するために受けるものであり，最低基準以上に福祉サービスの質の向上を目的としている。

(2) 第三者評価の仕組み

　福祉サービス第三者評価の仕組みについては，東京都の例を示す（図10‒1）。福祉サービス評価機構等の名称の違いはあるが，東京都以外でも図10‒1のような仕組みである。

　利用の流れを簡単に説明すると，①福祉サービス提供事業者が認証評価機関を選択・契約する。②福祉サービス提供事業者が必要書類の提出等事前準備を行った後，認証評価機関が訪問調査等により，評価する。③認証評価機関が，評価結果をとりまとめ，福祉サービス提供事業者へ結果をフィードバックする。また，評価結果を福祉サービス評価推進機構に報告する。④福祉サービス評価推進機構が評価結果を公表することで，利用者が閲覧できる，というような流

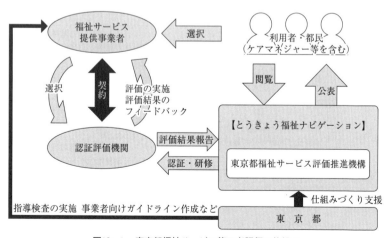

図10‒1　東京都福祉サービス第三者評価の仕組み
出所：東京都福祉保健財団ホームページをもとに作成。

れである。

　この第三者評価を推進するため，図10‐2のような体制が全国的に整えられている。都道府県推進組織は，各都道府県に一か所設置され，第三者評価機関の認証をはじめ，第三者評価基準や手法に関すること，第三者評価結果の取り扱いに関することなどを行っている。

　第三者評価の結果は，WAM NET（ワムネット：福祉医療機構が運営する，福祉・保健・医療に関する制度・施策やその取り組み状況などに関する情報をわかりやすく提供することにより，福祉と医療を支援する総合情報サイト：https://www.wam.go.jp/）などに公表されている。

2 ── 情報公表制度

　情報公表制度は，利用者が適切な事業所を選択できることや施設・事業の透明性を高め質の向上を促すことを目的としている。代表的な施設や事業所を表10‐2に示した。公表される情報には，事業所の所在地やサービスの内容，従業者に関する項目や施設の運営方針や利用料，相談・苦情等への対応等が掲載されている。表10‐2にある情報公表は義務であり，実施主体は，都道府県である。それぞれの情報は，都道府県知事に報告され，都道府県知事は，報告を受けた内容を公表する仕組みとなっている。

3 ── 第三者評価と情報公表の課題

(1) 第三者評価の課題

　福祉サービス第三者評価は，評価の質や受審率の向上等に向けた取り組みが続けられている。しかし，第三者評価が浸透していないことが課題の一つである。また，受審にかかる費用や作業等の問題もある。受審費用に関しては，施設の定員数や認証評価機関により差がある。一部自治体では補助金制度を運用している。社会的養護第三者評価の受審費用は，3年に1回に限り，30万8,000円を上限に措置費で算定される。社会的養護関係施設及びファミリーホーム，自立援助ホームの第三者評価の受審費用については，3年に1回に限り，1回31万4,000円を上限に，措置費の第三者評価受審費加算を算定することができる。

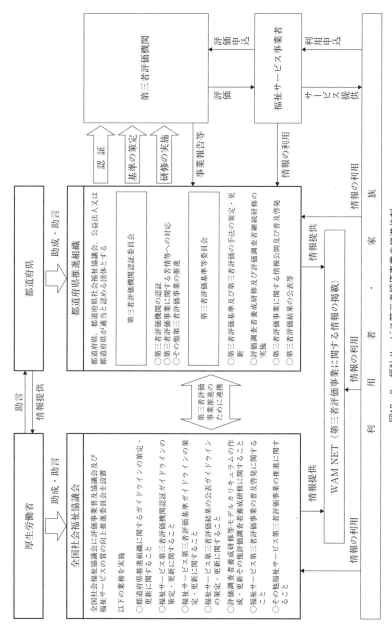

図10−2　福祉サービス第三者評価事業の推進体制

出所：全国社会福祉協議会ホームページをもとに作成。

表10－2　情報公表を行う代表的な施設や事業所

	根拠法令	公表開始年月日	対象となる施設・事業所
介護サービス情報の公表制度	介護保険法（第115条の35）	2006年4月	介護老人福祉施設，訪問介護，通所介護など
障害福祉サービス等情報公表制度	障害者総合支援法・児童福祉法（障害者の日常生活及び社会生活を総合的に支援するための法律第76条の3，児童福祉法第33条の18）	2018年4月	就労移行支援，生活介護，福祉型障害児入所施設，放課後等デイサービスなど
教育・保育情報の公表	子ども・子育て支援法（第58条）	2020年9月30日	保育所，認定こども園など

出所：筆者作成。

　しかし，すでに複数の待機者がいるサービス提供事業所は必要性を感じにくく，小規模事業所には経費の負担が大きく，時間をさき，費用をかけて行う第三者評価の受審に消極的である場合が考えられる。この制度の浸透と公表・実施方法や周知について，今後も検討が必要であり，国民へも関心を喚起し，福祉サービスの質を向上させる必要がある。

(2) 情報公表の課題

　情報公表は，利用者が事業所を選択・契約するために必要であるが，情報を発信する際には，利用者や職員の個人情報が守られることが大前提となる。

　また，第三者評価の結果やサービス事業所が公表している情報を確認するためには，ICTのリテラシー（情報を活用する能力）が必要であり，高齢者や障害のある人，子どもの中には，うまく情報を取捨選択できないケースもある。福祉サービス利用者は，情報弱者であるケースも多いため，情報をわかりやすく確実に届ける工夫や情報化の進展に合わせた新しい取り組みも検討しなければならない。

 研究課題

1．近隣の保育所や福祉施設，実習先の事業所のホームページや第三者評価をみてみよう。
2．福祉サービス利用者の権利侵害にあたる事例はないか（高齢者，障害者，児童）を新聞記事やインターネットなどから集めてみよう。

📖 推薦図書

●木原活信（2014）．社会福祉と人権．ミネルヴァ書房．
●東京都福祉保健財団（編著）(2014)．福ナビへ GO！　第三者評価を活用しよう．環境新聞
　社．

第11章
利用者の権利擁護と苦情解決

　2000年に社会福祉基礎構造改革や介護保険制度が導入され，介護サービスの利用が措置から契約に変更された。ここで契約能力に不安のある人への対応が問題となった。例えば，認知症や知的，精神的に障害があり，判断能力が不十分な人はどのようにサービスを選択し，契約をするかという問題である。福祉サービスを利用する際に利用者の権利を守る仕組みとして代表的なものが後見制度と日常生活自立支援事業，苦情解決である。

1節. 利用者の権利擁護に関する制度（後見制度）

　利用者の権利を守る制度として後見制度がある。後見制度には，未成年の権利を守る未成年後見制度と未成年以外の権利を守る成年後見制度がある。図11-1のように，成年後見制度には，判断能力が低下してから利用する法定後見制度と将来判断能力が低下する場合に備え，前もって契約をしておく任意後見制度がある。以下，それぞれについて解説する。

図11-1　成年後見制度の仕組み

出所：筆者作成。

1——未成年後見制度

　原則として，親権者が未成年者を保護し，生活環境を整え，教育や財産の管理等を行っている。しかし，親権者が死亡や行方不明等により養育が不可能となった場合や，虐待などの理由により親権が制限されることがある。このような場合に，未成年の保護にあたり，親権者の代わりに未成年者の教育や監護・財産管理を誠実・適切に行う未成年後見人を家庭裁判所が選任する。このように未成年者を保護する仕組みを未成年後見制度という。

2——成年後見制度

　未成年後見制度に対して，判断能力を十分にもたない人を保護する制度が成年後見制度である。具体的には，精神上の障害（知的障害，精神障害，認知症など）により判断能力が十分でない人々に不利益が生じないよう，家庭裁判所に申立てを行い，その人の代わりに法的行為を行う制度である。例えば，認知症の一人暮らしの高齢者が，お金の管理が困難になり，日常生活を送ることが難しくなった場合に，本人に代わり通帳の管理や家賃の支払等を行い，本人の権利を擁護する仕組みである。

　この成年後見制度は，従来あった禁治産者・準禁治産者制度（自分で判断することが難しいという考え方からできた，一定の人からの申立てにより家庭裁判所が宣告し本人を保護する制度）を改正したもので，介護保険制度施行に向けて2000年4月から施行されている。この改正の背景には，禁治産者・準禁治産者制度が，本人の保護よりも親族が自分の利害を守るために利用することが多く，本人に自己決定権がなかったこと，禁治産者，準禁治産者と宣告されると戸籍に

表11-1　成年後見人の主な職務

財産管理	不動産や預貯金などの財産を管理する。 （例）印鑑や預貯金通帳の保管・管理，不動産の維持・管理，必要な経費の支出など。
身上監護	本人の生活，医療・介護・福祉等サービスの契約等を行う。 （例）被後見人等の住まいの確保や生活環境の整備，施設等への入退所の手続きや契約，入院の手続きなど。

出所：筆者作成。

記載されてしまうため制度を利用しにくかったことなどがある。成年後見制度は，本人の残存能力を活用することや自己決定の尊重を意識し，利用者の意思決定支援を行うものとなっている。

(1) 成年後見人の職務内容

成年後見人の主な職務は，表11-1の2つである。

財産管理と身上監護については，定期的に家庭裁判所に報告することが義務づけられており，財産の管理状況や生活・健康状況などを常に把握しておく必要がある。

(2) 法定後見制度

法定後見には，表11-2のように，本人の判断能力の程度に応じ，後見，保佐，補助の3類型があり，それぞれに与えられている権限は異なっている。例えば，後見類型では，本人に代わり，不動産や預貯金の管理，施設利用の手続きや契約を行う代理権があるが，保佐や補助にはその権利がなく，必要な場合は，本人の同意を得て家庭裁判所に申立てを行う必要がある。

直接の介護に関する業務は成年後見人の職務内容ではなく，介護が必要な場合は，福祉サービス事業所との契約などを行う必要がある。また，本人の行った行為を同意がなかった場合に取り消せる取消権があるが，日用品の買い物や婚姻や離婚などの身分行為に関する行為は取り消すことはできないことになっている。

(3) 任意後見制度

任意後見制度は，判断能力のあるときから，将来に向けて判断能力を失った場合に財産管理や金銭管理などを頼める後見人候補をあらかじめ決めて，公証役場において公正証書を作成しておく方法である。

将来，自分の判断能力に不安が生じた場合に，本人または親族，契約してい

表11−2　法定後見制度の概要

	後見	保佐	補助
対象となる人	判断能力が欠けているのが通常の状態の人	判断能力が著しく不十分な人	判断能力が不十分な人
援助者	成年後見人	保佐人	補助人
	※本人の親族の他，法律や福祉の専門職（弁護士・司法書士・社会福祉士等）が家庭裁判所より選出される		
申立てをすることができる人	本人，配偶者，四親等内の親族，検察官など ※申立者がみつからない等の場合は，市町村長も可（注1）		
成年後見人等（成年後見人・保佐人・補助人）の同意が必要な行為	（注2）	民法13条1項所定の行為（注3）（注4）（注5）	申立ての範囲内で家庭裁判所が審判で定める「特定の法律行為」（民法13条1項所定の行為の一部）（注1）（注3）（注5）
取消しが可能な行為	日常生活に関する行為以外の行為（注2）	同上（注3）（注4）（注5）	同上（注3）（注5）
成年後見人等に与えられる代理権の範囲	財産に関するすべての法律行為	申立ての範囲内で家庭裁判所が審判で定める「特定の法律行為」（注1）	同左（注1）

注：1）本人以外の者の請求により，保佐人に代理権を与える審判をする場合，本人の同意が必要になる。補助開始の審判や補助人に同意権・代理権を与える審判をする場合も同じ。
　　2）成年被後見人が契約等の法律行為（日常生活に関する行為を除く。）をした場合には，仮に成年後見人の同意があったとしても，後で取り消すことができる。
　　3）民法13条1項では，借金，訴訟行為，相続の承認・放棄，新築・改築・増築などの行為が挙げられている。
　　4）家庭裁判所の審判により，民法13条1項所定の行為以外についても，同意権・取消権の範囲を広げることができる。
　　5）日常生活に関する行為は除かれる。
出所：法務省ホームページをもとに作成。

た者が家庭裁判所に任意後見監督人の選任の申立てを行い，これにより家庭裁判所が任意後見監督人の選定を行うと，後見人候補者が後見人となり財産管理行為を行うことができる。自分に判断能力がなくなった際には，誰にどんな判断をしてほしいか事前に決めておくことができる制度である。

（4）意思決定支援

　法定後見制度の後見類型では，財産に関するすべての法律行為を本人に代わって行う代理権が成年後見人に与えられている。この実務においては，本人の判断能力が低下していることを理由に，本人の意思や希望への配慮や支援者等との接触のないまま成年後見人等自身の価値観に基づき権限を行使するなどと

いった反省すべき実例があったことは否定できない。そのため最近では，「ど
んなに重い認知症の人であっても，その人なりの人生を生きてきた経緯があり，
その人なりの思い，そして判断がありうる。適切な判断が自分ではできないと
周囲から見られていた人々も支援さえ受ければ，その人なりの決定ができる。
どのような支援ができるのか，それが問題であって，本人の能力の有無が問題
なのではない」という見方，考え方に変化している。

　意思決定支援に関しては，2014年に障害者の権利に関する条約を日本でも批
准して以降，各種ガイドライン等が公表され，後見業務に関しても，2020年10
月に「意思決定支援を踏まえた後見事務のガイドライン」が出された。

　利用者の権利を保護する後見活動では，判断能力がないと決めつけ，代行決
定することなく，意思決定の中心に本人を置くという本人中心主義を実現し，
後見活動を行わなければならない。

3 ── 福祉サービス利用援助事業（日常生活自立支援事業）

　後見制度は，民法に規定された利用者の権利を保護する仕組みである。福祉
サービス利用援助事業とは，社会福祉事業法が社会福祉法に改正された際，第
2種社会福祉事業として新たに位置づけられた事業である。

　福祉サービス利用援助事業とは，社会福祉法第2条第3項第12号の定義によ
ると，「精神上の理由により日常生活を営むのに支障がある者に対して，無料
又は低額な料金で，福祉サービス（前項各号及び前各号の事業において提供され
るものに限る。以下この号において同じ。）の利用に関し相談に応じ，及び助言を
行い，並びに福祉サービスの提供を受けるために必要な手続又は福祉サービス
の利用に要する費用の支払に関する便宜を供与することその他の福祉サービス
の適切な利用のための一連の援助を一体的に行う事業をいう」とある。

　なお，福祉サービス利用援助事業は，都道府県社会福祉協議会を実施主体と
して，1999年10月から「地域福祉権利擁護事業」として実施され，2007年度に，
利用促進の観点から「日常生活自立支援事業」と改称し，国庫補助事業が行わ
れている。

(1) 日常生活自立支援事業の概要

　日常生活自立支援事業（旧：地域福祉権利擁護事業）とは，認知症高齢者，知

表11-3　日常生活自立支援事業の概要

実施主体	都道府県・指定都市社会福祉協議会（窓口業務等は市町村の社会福祉協議会等で実施）
対象者	次のいずれにも該当する者 ・判断能力が不十分な者（認知症高齢者，知的障害者，精神障害者等であって，日常生活を営むのに必要なサービスを利用するための情報の入手，理解，判断，意思表示を本人のみでは適切に行うことが困難な者） ・本事業の契約の内容について判断し得る能力を有していると認められる者
援助の内容	・福祉サービスの利用援助 ・苦情解決制度の利用援助 ・住宅改造，居住家屋の貸借，日常生活上の消費契約及び住民票の届出等の行政手続に関する援助等 上記に伴う援助の内容は，次に掲げるものを基準とする。 ・預金の払い戻し，預金の解約，預金の預け入れの手続等利用者の日常生活費の管理（日常的金銭管理） ・定期的な訪問による生活変化の察知
手続きの流れ	①利用希望者は，実施主体に対して申請（相談）を行う。 ②実施主体は，利用希望者の生活状況や希望する援助内容を確認するとともに，本事業の契約の内容について判断し得る能力の判定を行う。 ③実施主体は，利用希望者が本事業の対象者の要件に該当すると判断した場合には，利用希望者の意向を確認しつつ，援助内容や実施頻度等の具体的な支援を決める「支援計画」を策定し，契約が締結される。なお，支援計画は，利用者の必要とする援助内容や判断能力の変化等利用者の状況を踏まえ，定期的に見直される。 ※契約内容や本人の判断能力等の確認を行う「契約締結審査会」及び適性な運営を確保するための監督を行う第三者的機関である「運営適正化委員会」を設置することにより，契約による事業の信頼性や的確性を高め，利用者が安心して利用できる仕組みとなっている。
利用料	実施主体が定める利用料を利用者が負担する。 （参考）実施主体が設定している訪問1回あたり利用料　平均1,200円 ただし，契約締結前の初期相談等に係る経費や生活保護受給世帯の利用料については，無料となっている。

出所：厚生労働省ホームページをもとに筆者作成。

的障害者，精神障害者等のうち判断能力が不十分な人を対象に，利用者との契約に基づき，福祉サービスの利用援助や日常的な金銭管理などの援助を，専門員・生活支援員が行い，自立した生活を送ることができるよう支援するものである。詳細については，表11-3の通りである。

(2) 成年後見制度と日常生活自立支援事業

　日常生活自立支援事業は，成年後見制度を補完する機能をもっている。成年後見制度では，財産管理業務と身上監護の業務を行っているが，日常生活や福祉サービスの利用に関わる軽微な金銭管理や福祉サービスの利用支援などにす

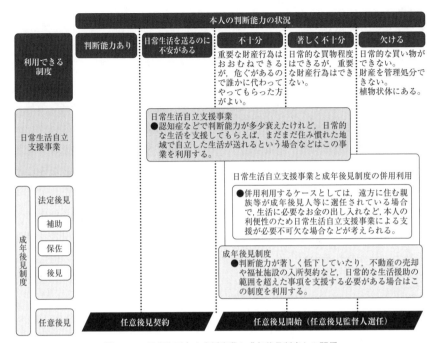

図11-2　日常生活自立支援事業と成年後見制度との関係

出所：宮城県社会福祉協議会ホームページをもとに作成。

べて対応することは困難である。その際，日常生活自立支援事業を活用する必要が生じる。支援状況によっては，成年後見制度と日常生活自立支援事業を併用する場合や，契約能力が不十分となり，成年後見制度へ移行する場合もある。成年後見制度との関係については。図11-2の通りである。また，成年後見制度との違いとしては，以下の点がある。

- 施設入所の契約や不動産の売却等法律行為は行わない。
- 本人との契約に基づいて，サービスを開始するため，判断能力が欠ける場合には，利用できない。
- 職務が，福祉サービスの利用援助や日常的な金銭管理に限定されている。

❷節　苦情解決

1 ── 苦情解決の概要と仕組み

　日本国憲法第25条は，国民が「健康で文化的な最低限度の生活を営む権利」をうたっている。しかし，福祉サービスの提供の可否や種類の選択は行政が決定する仕組み（措置制度）であり，サービスの提供者と利用者は対等な立場とは言えない現状があった。また，利用者が苦情を言える対等な立場となることや苦情を解決することで利用者の権利を守ることはできていなかった。

　2000年の社会福祉基礎構造改革・社会福祉法の改正により，提供されたサービスに不服があれば，救済される仕組みができた。それが，苦情解決の仕組みである。社会福祉法第82条で，「社会福祉事業の経営者は，常に，その提供する福祉サービスについて，利用者等からの苦情の適切な解決に努めなければならない」と規定されている。

　苦情解決は，私たちの生活の中でも大切である。例えば，購入した商品に欠陥があった場合を考えてみよう。まずお店に申し出て，そこで解決しない場合は，消費生活センター等に相談するなどの手順を踏むことになる。福祉サービスの利用も同じである。利用者は，選択契約し，サービスを購入しているため，不服があれば事業所・施設へ苦情を伝える。施設はその窓口を設定する。これが最初の手続きである[1]。その手続きで苦情解決が難しい時は，運営適正化委員会へ申出を行う。この運営適正化委員会は，都道府県社会福祉協議会に設置され，福祉サービス利用援助事業の適正な運営を確保し，利用者等からの苦情を適切に解決する役割を担っている。

　福祉サービス提供者は，利用者からの苦情に対応することで，施設・事業所のサービスの質を改善させたり，利用者の満足感を高めたりすることができる。苦情解決の仕組みの全体像は，図11 - 3の通りである。

　苦情の中には，後遺症が残ってしまうような事故等重篤な苦情や，持参物の紛失等様々な内容がある。苦情を受け付ける際に，事業所がしっかり対応して

＊1　利用者は，事業所だけでなく，運営適正化委員会や都道府県に対して，直接苦情を申し出ることも可能である。

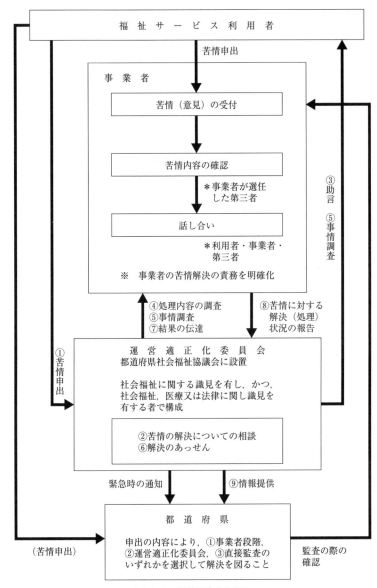

図11-3　苦情解決の仕組み
出所：厚生労働省社会保障審議会ホームページをもとに作成。

表11 - 4　苦情解決に関する役割

苦情解決責任者
苦情解決の責任主体を明確にするため，施設長，理事等を苦情解決責任者とする。
苦情受付担当者
・サービス利用者が苦情の申出をしやすい環境を整えるため，職員の中から苦情受付担当者を任命する。 ・苦情受付担当者は以下の職務を行う。 　ア　利用者からの苦情の受付 　イ　苦情内容，利用者の意向等の確認と記録 　ウ　受け付けた苦情及びその改善状況等の苦情解決責任者及び第三者委員への報告
第三者委員
苦情解決に社会性や客観性を確保し，利用者の立場や特性に配慮した適切な対応を推進するため，第三者委員を設置する。 ・設置形態 　ア　事業者は，自らが経営するすべての事業所・施設の利用者が第三者委員を活用できる体制を整備する。 　イ　苦情解決の実効性が確保され客観性が増すのであれば，複数事業所や複数法人が共同で設置することも可能である。 ・第三者委員の要件 　ア　苦情解決を円滑・円満に図ることができる者であること。 　イ　世間からの信頼性を有する者であること。

出所：厚生労働省（2000）．をもとに筆者作成。

おらず，利用者の不信感を強めることも多い。苦情に向き合い，業務を見直し改善する機会と捉える姿勢が必要である。

　また，利用者には，サービスに不服があってもそれを表現することが難しい人や福祉サービスの利用がなければ日常生活を送ることが難しく苦情を言いにくい人もいる。苦情を申し出やすい環境づくりや利用者の想いに耳を傾け，受け止める工夫や努力も必要である。

2 ──苦情解決体制

　厚生労働省が2000年に出した「社会福祉事業の経営者による福祉サービスに関する苦情解決の仕組みの指針」では，苦情解決責任者，苦情受付担当者，第三者委員の役割が示された（表11 - 4）。

　事業所における苦情解決の仕組みには，苦情解決責任者，苦情受付担当者の設置とともに，その解決プロセスを透明化すること等を目的として，第三者委員の設置が規定された。この第三者委員は，福祉サービスの苦情解決制度において，客観的な第三者の視点を取り入れるとともに，潜在化していて，表面に

現れてこない利用者の声を吸い上げる役割を期待されるなど，苦情解決制度の要を背負っているといえる。

 研究課題 ─────────────────────────────

1．自分が意思表示できない状態になったら，誰にどんな支援をしてほしいか考えてみよう。
2．苦情を申し出やすい環境をつくるため，どのような工夫が必要か考えてみよう。

推薦図書 ─────────────────────────────

●日本福祉大学権利擁護研究センター（監修），平野隆之他（編著）（2018）．権利擁護がわかる意思決定支援──法と福祉の協働．ミネルヴァ書房．
●成年後見センター・リーガルサポート（編著）（2015）．これで安心！　これならわかるはじめての成年後見．日本加除出版．

Column 4

福祉サービスの選択について

　現在，保育所やデイサービスセンター等の福祉サービス事業所は数多く存在する。社会福祉基礎構造改革以降，民間企業も，福祉事業に参入することになった。そのため，利用者に選ばれるような取り組みも増え，第三者評価やそれぞれの事業所が公開しているホームページの情報も増えるなどの工夫がみられるようになった。皆さんもサービスを利用する際は，SNS などを活用し情報を収集し，サービスを選択していると思う。しかし，各事業所のユニークな活字や写真や調査結果の報告だけでサービスの利用を決めてしまって良いのであろうか？　もちろん，情報の開示は必要なものである。しかし，文字や写真だけでは伝わらないものもある。例えば，素晴らしい理念を掲げていても，その理念を忠実に守り，勤務している職員がどれだけいるかは，実際その施設を利用してみなければわからない。職員数は多いが，人数が多いだけで，積極的な業務を行えていない施設もあるかもしれない。福祉サービスの選択は，是非情報からだけではなく，実際現場に足を運び，見学や体験をすることを合わせて行ってほしい。

　また，体験や見学を合わせてサービスを選択しても，職員の異動や施設の運営方針の変更などで，自分の望むサービスが受けられなくなる場合もある。その時は，改善を要求してほしい。利用者の声によりサービスは向上する。是非施設と一緒に福祉サービスを向上させるという気持ちでサービスを主体的に利用してほしい。

　一方，皆さんは，将来，福祉サービスを提供する立場になる可能性がある。その時は，情報や評価の公表を積極的に行い，サービスの質の向上に努め，利用者へわかりやすく伝える工夫を考えてほしい。また，サービス利用者が，意思表示が難しい人であっても，一人一人の意思をどのように汲みとり尊重するかを考えながら仕事をしてほしい。利用者の意思を置き去りにして権利を守ることは，権利擁護ではない。利用者の意思を尊重し続けることと，権利が侵害されないよう利用者を保護する仕組みがあることも忘れずにいてほしい。皆さんが，それぞれのニーズにあった質の高いサービス選択ができるよう，また，サービスの質の向上を考えながら働ける職場で勤められるように主体的に取り組んでほしい。

第Ⅴ部

社会福祉の動向と課題

　社会福祉は社会の状況と密接に関係している。わが国の目下の課題は，少子高齢化社会の進行に歯止めがかからないことである。先進国を中心に世界的な傾向ではあるが，わが国は最も深刻な状況となっている。30年後にはわが国の人口は1億人を割るといわれている。そして40年後には8,000万人台になると推測されている。これは生産年齢人口（15〜64歳）に影響を与える。このような状況の中で，少子化対策は喫緊の課題である。子育てそのものを社会で支えていこうとする子育て支援は重要な施策となっている。またノーマライゼーション，ソーシャル・インクルージョンの考え方に基づいた多様な人が共に生活する社会の実現は，これからの社会のテーマでもある。そのためには地域での生活を支える在宅福祉や地域福祉も重要となる。

　第Ⅴ部では，これからのわが国の社会福祉のあり方を考えるために，少子高齢化社会における子育て支援，共生社会の実現と障害者施策，在宅福祉・地域福祉について述べていく。さらにわが国の社会福祉施策の課題を考えるために，諸外国の動向についても述べていく。

第12章
少子高齢化社会における子育て支援

1節. 少子化の現状

　日本の総人口は減少し続けており，少子化も進展している。国立社会保障・人口問題研究所の「日本の将来推計人口」（2017年推計）によると，2015年の日本の総人口は，1億2,709万人であったが，出生中位推計の結果に基づけば，この総人口は，2053年には1億人を割って9,924万人となるものと推計されている。2005年には，死亡数が出生数を上回り，日本の総人口は近年では毎年度数十万人が減少する局面に入っている。

　また，出生数の年次推移をみると，1949年の269万6,638人をピークに，1974年以降は減少と増加を繰り返しながら減少傾向が続いている。2021年の出生数は81万1,604人と，最も多い時期の3分の1以下にまで減少している（図12-1）。

　出生数の減少の一方，高齢化が急速に進展してきている。日本は，世界でも有数の長寿国であるといわれているが，人口構造を年齢別にみると，近年では生産年齢人口（15～64歳）と年少人口（0～14歳）の占める割合は低下している一方で，老年人口（65歳以上）割合は急激に高まっている。将来的にもこの傾向は強まり，2065年には，老年人口の割合が4割程を占めるようになる一方で，生産年齢人口の割合は5割程に低下すると予測されている。

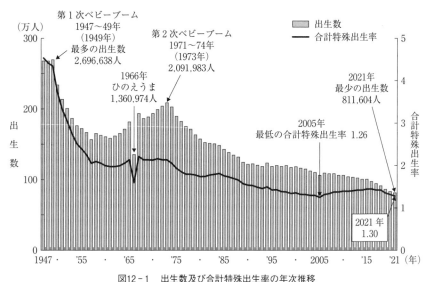

図12-1　出生数及び合計特殊出生率の年次推移
出所：厚生労働省（2022）．をもとに作成。

　ちなみに少子化とは，合計特殊出生数が人口置換水準（日本では2.07）を長期的に下回る状態のことを示している。合計特殊出生率とは「15〜49歳までの女性の年齢別出生率を合計したもの」で，言い換えると，一人の女性が一生の間に生むと仮定した時の子どもの数のことである。2021年の合計特殊出生率は1.30で，2005年に1.26の最低値を記録した後，2006年から上昇傾向が続いていたが，2014年に低下し，2015年の再上昇の後，2016年からは再び低下している（図12-1）。

❷節. 少子化の背景と要因

　日本は戦後貧しい社会を経験したが，国民の努力の賜物である高度経済成長によって，「豊かな社会」を短期間で築きあげた。しかし，その恩恵を享受する一方で，「勝ち組」「負け組」という言葉に象徴されるような「格差社会」を助長し，7人に1人ともいわれる貧困家庭の子どもの問題をはじめ，虐待された子どもの問題，発達に課題を抱えた子どもや，子育てに適切に関われない「心

配」な親等が増加している。また，労働者の多くが仕事を求めて地方から都市部に移り住んだことから，大都市を中心に人口が集中する一方で，地方の過疎化が進行し，子育て環境としては必ずしも望ましくない地域が広がっている。

　これらの背景に加え，少子化の直接的な要因としては，①近年の長期化した不況により，経済的な事情で女性の就労も一般化し，夫婦共働き世帯が基本になり，安定した家庭での子育てがしにくくなったことがある。また，②サービス産業やIT産業中心の社会構造の変化により，女性の高学歴化もより一層進み，キャリア形成も影響する中で，未婚化，晩婚化（晩産化）の傾向も強まったこと，③情報化社会における雇用環境の変化による非正規雇用の増加（若者の就労が不安定）等の様々な理由があげられる。さらには，④都市部を中心とした保育所の「待機児童問題」も改善しつつあるが，仕事と子育ての両立に支障をきたしていること等の理由もあげられる。

　それらの多様な要因に加え，子育て環境の悪化も大きな原因と考えられる。家族も，夫婦とその子どもから形成される核家族が中心になり，育児の密室化や孤立化の影響で育児の負担感や様々なストレスが生じるようになっている。その一方で，近年，三世代世帯は減少し，祖父母に子育ての協力を気軽に得ることが難しい状況が広がり，単独世帯（一人暮らし老人世帯を含む），ひとり親世帯等が増加している。さらに，地域社会も大きく変容し，隣近所の「相互扶助」があたり前であったひと昔前の地域社会における人間関係は希薄になってきている。

　以上のように，少子化が進行する背景には，様々な要因が複合的に存在しており，少子化対策を講じる上では，個人的な要因だけでなく，広く社会的な要因まで幅広く考えていく必要がある。

③節．少子化対策の展開

　日本では1990年に，1966年に記録された戦後最低の合計特殊出生率1.58を下回った「1.57ショック」が社会的に注目されるようになり，国も本格的に少子化対策を展開するようになった。そうした流れは図12－2で示すように1994年に策定された仕事と家庭の両立支援などを重点施策とした「エンゼルプラン」

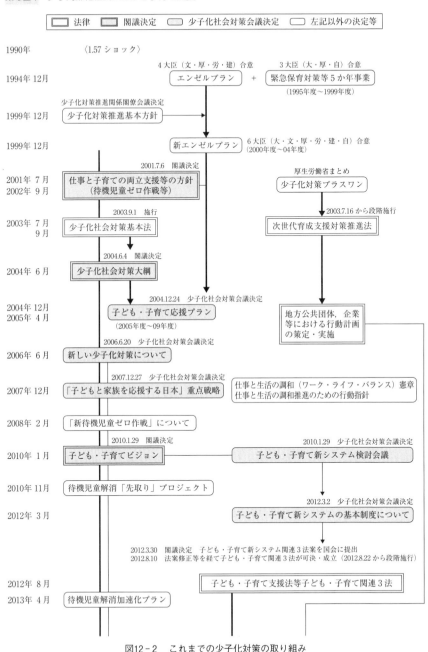

図12-2　これまでの少子化対策の取り組み

出所：内閣府（2022b）. をもとに作成。

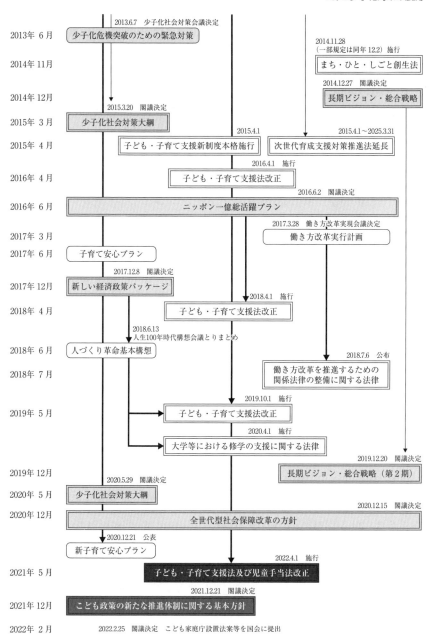

2013年 6 月	2013.6.7　少子化社会対策会議決定 少子化危機突破のための緊急対策	
2014年 11 月		2014.11.28 （一部規定は同年 12.2）施行 まち・ひと・しごと創生法
2014年 12 月		2014.12.27　閣議決定 長期ビジョン・総合戦略
2015年 3 月	2015.3.20　閣議決定 少子化社会対策大綱	
2015年 4 月	2015.4.1 子ども・子育て支援新制度本格施行	2015.4.1～2025.3.31 次世代育成支援対策推進法延長
2016年 4 月	2016.4.1　施行 子ども・子育て支援法改正	
2016年 6 月	2016.6.2　閣議決定 ニッポン一億総活躍プラン	
2017年 3 月		2017.3.28　働き方改革実現会議決定 働き方改革実行計画
2017年 6 月	子育て安心プラン	
2017年 12 月	2017.12.8　閣議決定 新しい経済政策パッケージ	
2018年 4 月	2018.4.1　施行 子ども・子育て支援法改正	
2018年 6 月	2018.6.13 人生100年時代構想会議とりまとめ 人づくり革命基本構想	
2018年 7 月		2018.7.6　公布 働き方改革を推進するための 関係法律の整備に関する法律
2019年 5 月	2019.10.1　施行 子ども・子育て支援法改正	
	2020.4.1　施行 大学等における修学の支援に関する法律	
2019年 12 月		2019.12.20　閣議決定 長期ビジョン・総合戦略（第 2 期）
2020年 5 月	2020.5.29　閣議決定 少子化社会対策大綱	
2020年 12 月	2020.12.15　閣議決定 全世代型社会保障改革の方針	
	2020.12.21　公表 新子育て安心プラン	
2021年 5 月	2022.4.1　施行 子ども・子育て支援法及び児童手当法改正	
2021年 12 月	2021.12.21　閣議決定 こども政策の新たな推進体制に関する基本方針	
2022年 2 月	2022.2.25　閣議決定　こども家庭庁設置法案等を国会に提出	

から「新エンゼルプラン」に続き，その後も様々な取り組みがなされたが功を奏さず，2003年には合計特殊出生率は1.29まで低下した。

　こうした事態を憂慮して，国は2003年「少子化社会対策基本法」と「次世代育成支援対策推進法」を制定した。「少子化社会対策基本法」に基づき，「少子化社会対策大綱」を閣議決定し，子育てを企業も含めた社会全体で応援する仕組みを整え，そのねらいを従来の「仕事と家庭の両立支援」から「次世代の健全育成」へと転換するために「次世代育成支援対策推進法」を制定した。その後は企業を含めた子育て支援の「次世代育成支援行動計画」が市町村で取り組まれ，さらに，「子ども・子育て応援プラン」や「子ども・子育てビジョン」を策定し，少子化対策や子育て支援施策をより一層強化している。

　最近の動向では，2012年に，保育・幼児教育施設の再編成，待機児童対策等を目的に，「子ども・子育て支援法」が成立し，2015年度からは「子ども・子育て支援新制度」が本格的に始まり，「施設型給付」として，保育所，幼稚園と共に「幼保連携型認定こども園」が新たに加わることになった。

　「子ども・子育て支援新制度」では新たに，家庭的保育，小規模保育，居宅訪問型保育，事業所内保育といった「地域型保育給付」の対象サービスが定められ，地域の実情に応じた子育て支援として，市町村を主体とする「地域子ども・子育て支援事業」が位置づけられるようになった。さらに，2016年には，仕事と子育ての両立支援や待機児童の解消を図るために，国を主体とする企業主導型保育事業や企業主導型ベビーシッター利用者支援事業といった「仕事・子育て両立支援事業」が創設されている（図12-3）。

　一方，保育所の「待機児童問題」も，2013年の「待機児童解消加速化プラン」の策定により，様々な待機児童の解消のための取り組みが展開されている。さらにまた，2018年には「少子化克服戦略会議提言」が出されている。そこでは，社会全体で子どもを育てるという考え方のもとで，少子化の流れを断ち切るために，①子育ての支え手の輪を広げる，②「子育てに寄り添うまちづくり」を応援する，③子育て世帯をやさしく包む社会づくり，④結婚，妊娠，出産段階から切れ目なく支援する，という方針が示されている。

　少子化対策の当初の中心は，働く女性の「仕事と家庭の両立支援」を柱とする保育サービスの拡充策であったが，近年では子育て不安の軽減や子育て家庭

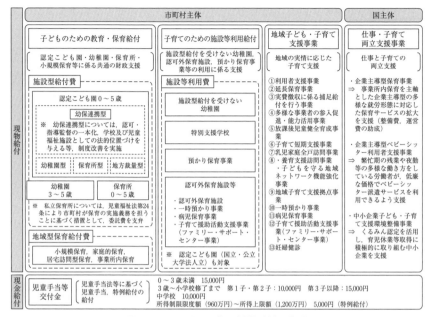

図12-3　子ども・子育て支援新制度の体系

出所：内閣府（2022a），p.6. をもとに作成。

　の孤立の防止等のための保護者支援や働き方改革も含む形で，子育て支援施策としての内容の広がりを見せている。また，2016年の母子保健法の改正によって，妊娠期から子育て期までの切れ目のない支援をワンストップで行うことを目的に，子育て世代包括支援センター（母子保健法上の名称は母子健康包括支援センター）の設置が市町村の努力義務とされた。そうした施策は不適切な養育や児童虐待を予防する目的にもつながるものでもあるが，社会全体で子育てを応援し，健全な次世代育成支援を行うことが現代社会の大きな課題となっている。

　さらに，子どもの小学校入学をきっかけとして，子どもの放課後の居場所がなければ保護者が仕事を辞めざるを得ないといった「小1の壁」の問題も存在している。就学前の子どもとその保護者を対象とした子育て支援と比較して，学齢期の子どもを対象とした支援は非常に少ない。学童期，思春期の子どもを対象とした児童厚生施設（児童館・児童遊園）や放課後児童健全育成事業（一般

的に放課後児童クラブまたは学童保育と呼ばれている）の充実も欠かすことができない課題である。

　また，並行して大きな課題としては，様々な子育て支援を講じても，次代を担う若者が将来に希望をもてない現状を改善していく必要もある。近年の不況により，不安定な雇用であったり，低所得の若者等が自らの生活の維持で精一杯のため，将来に不安を覚えてなかなか結婚に踏み切れなかったりする状況は深刻である。子どもを産み，育てていくためには，出産・子育て・教育にかかる費用面等の経済的な側面や，雇用を考慮した社会保障施策も充実させていく必要がある。つけ加えると，何らかの事情によって，結婚し子どもを産みたくても産めない女性等のために，不妊治療を行う環境整備にも取り組んでいくことも重要である。

❹節　子どもを中心とした新たな子育て支援体制の構築に向けて

　繰り返しになるが，これからの少子高齢化社会に求められる子育て支援には，まず何よりも先に社会全体で取り組んでいくことが求められている。子どもが地域でよりよく今を生きるためには，家庭の福祉（生活力）の再生や公的な経済的支援等も含めた家庭基盤の充実が基本になるが，現代の不安定な社会・経済状況を考慮すると，どの家庭でも要支援（要保護）家庭になる可能性があることは否定できないであろう。

　それらの要支援・要保護児童（家庭）の支援としては，現実的には今ある乳児院や児童養護施設等の社会的養護施設のもつ地域子育て支援機能がもう少し積極的に活用されることが考慮されるべきだと考えられる。ちなみに現状での社会的養護施設の地域子育て支援機能としては，児童家庭支援センター等での相談援助活動に加え，地域の子育て家庭に対する短期入所生活援助事業（ショートステイ）や夜間養護等事業（トワイライトステイ），里親の一時的な休息のための援助（レスパイト・ケア）等の制度的なものがある。また，母子生活支援施設は，親子で入所し生活を立て直すことをねらいとする唯一の社会的養護施設である。これらの施設サービスの適切な利用により，深刻な児童虐待問題や貧困に陥ることがないように，保育所等での子育て支援と社会的養護施策の充実

とを一体的に取り組むことが望ましいのである。

　現状では子育て支援施策の所管の多くは市町村で，社会的養護施策の所管は都道府県が中心であるが，今後はそうした行政による垣根を越えて，子ども（利用者）を中心とした利用しやすい支援の体系（仕組み）を地域に広く整えていくことが大きな課題である。

 節　これからの保育所に求められる子育て支援機能

　最後に，保育所（幼保連携型認定こども園を含む）における子育て支援機能のあり方について簡単に触れておきたい。これからの保育所に求められる子育て支援機能を考える場合には，それが児童福祉施設であるという基本的な認識をふまえて，新たな2点の大きな視点が特に必要である。

　その第1は，地域福祉の視点から，地域にある最も身近な「福祉施設」としての自覚を保育所もより一層強くもつ必要があるということである。保育所が地域の子育て支援の一環として，子どもへの発達支援に加えて，地域の子育て家庭への幅広い支援や公益的事業を積極的に行うことが，公共的使命を果たし，地域から信頼される施設になるために必要である。その観点からは，これからの保育士（所）には保育所の有する設備や機能開放の社会化の視点のみならず，子どもや保護者を地域の人々と積極的につなげ，「すべての人が子育てに関心をもつ地域社会づくり」に貢献するような大きな視点が期待されている。

　第2としては，保育所には近年いわゆる「気になる子ども」や障害のある子どもが増加し，一保育所だけで解決するには困難なことが増えている。そうした現実に対応するためには，地域の人々や関係機関・専門職等と連携・協働し，長期的に発達・成長を支援していくための「ソーシャルワーク」の機能がより一層強く求められる。近年では，虐待の早期発見・早期対応をはじめ，医療的ケアが必要な子どもや重い障害のある子どもへの支援の充実までも保育所に求められるようになってきている。多様なニーズに対応可能な保育所に対する，社会からの期待が高まってきているが，それらの事柄に対応できるように保育士（所）の専門性の向上は当然のこととして，児童相談所や療育センター，児童発達支援センター，放課後等デイサービス等の関係機関・専門職等との広が

りのある横断的なネットワークを形成していくことが必要である。

 研究課題

1．保育所（幼保連携型認定こども園も含む）や地域子育て支援センター，幼稚園等で行われている地域の子育て支援の取り組みの内容や方法，担い手等について，実際にそれらの施設を訪問して調べてみよう。
2．保育所（幼保連携型認定こども園も含む）等で行われている「ソーシャルワーク」の機能について，地域の人々や関係機関・専門職等とどのような連携・協働が求められているのか，本や資料で調べてみよう。

推薦図書

●中谷奈津子・鶴宏史・関川芳孝（編著）（2021）．保育所等の子ども家庭支援の実態と展望──困難家庭を支えるための組織的アプローチの提案．中央法規出版．
●櫻井慶一・宮﨑正宇（編著）（2017）．福祉施設・学校現場が拓く児童家庭ソーシャルワーク──子どもとその家族を支援するすべての人に．北大路書房．

第❶❸章
共生社会の実現と障害者施策

❶節. 障害者観・障害の概念

　かつて，障害のある人は生活のあらゆる面で保護の必要な人，社会的責任の果たせない人と考えられ，障害は個人に起因する問題として扱われてきた。しかし，当事者や家族，支援する人たちによる運動，社会の価値観の変化は，このような障害者観に大きな影響をもたらす。1975年，第30回国連総会で「障害者の権利に関する宣言」が採択され，障害のある人の基本的人権と障害者問題に関する指針が示される。続く第31回国連総会で，1981年を「国際障害者年」とすることが決議され，「完全参加と平等」をテーマとして，世界各国で障害者問題に対する取り組みが行われることとなる。

　1979年，第34回国連総会で「国際障害者年行動計画」が決議される。この中で「障害者は，その社会の他の者と異なったニーズをもつ特別の集団と考えられるべきでなく，通常の人間的ニーズを満たすのに特別の困難をもつ普通の市民と考えられるべきである」と，新たな障害者観が示され，障害を個人と環境との関係として捉え，障害のある人を排除するような社会は，弱くてもろい社会であると指摘する。翌年，世界保健機構（WHO）は，「WHO 国際障害分類（ICIDH：International Classification of Impairments, Disabilities and Handicaps）」

を発表し，障害を医学レベルでの「機能障害（Impairment）」，機能障害の結果としての「能力低下（Disability）」，機能障害や能力低下の結果として，個人に生じる「社会的不利（Handicaps）」の３つのレベルに区分する考え方を提示する。1982年12月，第37回国連総会にて「障害者に関する世界行動計画」が決議される。その中でハンディキャップ（不利）について「障害者と彼らを取り巻く環境との関係である。それは他の市民が利用できる社会の種々のシステムに関し，障害者の利用を妨げる文化的，物理的または社会的障壁に障害者が遭遇した時に生じる。このように，不利とは，他の人々と同等レベルで社会生活に参加する機会が喪失または制約されることである」と述べ，障害のある人が直面するハンディキャップは社会の問題であるという考え方を示す。

　総理府（現在の内閣府）が，1995年に発表した「平成７年版障害者白書」でも，障害に対する社会のあり方を問うている。それは「障害のない人を前提として造られた社会のシステムのなかでは，障害のある人は社会活動に大きなハンディキャップを負わざるを得ない」とした上で，「我々はともすれば，これらのハンディキャップを障害のある人側の問題としてとらえ，不屈の精神力と不断の努力で障害と闘ってきた人々を『ハンディを乗り越えて』とか『ハンディを克服して』と称賛してきた。しかし障害のある人が人間らしく生きていくために大変な努力を必要とする社会が普通の社会であっていいのだろうか」という問いかけである。ハンディキャップをつくっているのは社会であり，社会がハンディキャップを乗り越える必要がある。

　WHO は，ICIDH を改訂し，2001年，「国際生活機能分類（ICF：International Classification of Functioning, Disability and Health）」を発表する（図13‐1）。

　ICF では中央の段に「心身機能・身体構造」「活動」「参加」がある。この３つを合わせて生活機能という考え方をする。この３つは相互に関係する。例えば「参加」することが「活動」を活性化する。「活動」ができることが「心身機能」の向上につながる。反対に「心身機能」の向上が「活動」を活性化する。「活動」ができることがさらなる「参加」の機会を作ることとなる。生活機能とは「人が生きること」の全体を示すものである（上田，2005）。この生活機能に，上の段にある「健康状態」，下の段にある「環境因子」「個人因子」が相互に関係する。ICF では３つの「障害」を考えることができる。個人の特性としての

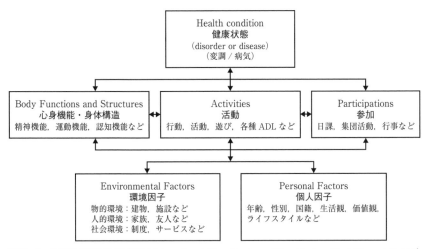

図13-1　国際生活機能分類（ICF：International Classification of Functioning, Disability and Health）の構成要素

出所：WHO（2001）. をもとに筆者作成。

障害，社会的障壁（環境因子）としての障害，そしてこれらの総体として障害のある人が社会生活を送る上で直面する困難さとしての障害である。

  ## 2節　障害のある人の権利条約（「障害者権利条約」）

「障害者の権利に関する条約（障害者権利条約：Convention on the Rights of Persons with Disabilities）」と「障害者の権利に関する条約についての選択議定書」は，これからの障害のある人の福祉を考える上で重要な意味をもつ権利条約である。これらは2006年12月13日第61回国連総会で採択される。この権利条約は国連で7番目の人権条約であり，障害のある人の権利を積極的に捉え，社会参加への原理を初めて認めた国際的な取り決めである。この条約を批准した国には，障害のある人が社会生活を営む上でのあらゆる分野で，障害のある人の権利を守るための厳しい義務が課せられることになる。また，この条約は第45条で20番目の批准書または加入書の寄託から30日後に発効することが定められている。2008年4月3日にはエクアドルが本条約を批准し，批准国が20か国に達した。これにより30日後の5月3日には本条約が発効した。

　この権利条約の目的は，「この条約は，全ての障害者によるあらゆる人権及び基本的自由の完全かつ平等な享有を促進し，保護し，及び確保すること並びに障害者の固有の尊厳の尊重を促進する」ことであると第1条で規定している。そのうえで一般原則として，（a）固有の尊厳，個人の自律（自ら選択する自由を含む。）及び個人の自立の尊重，（b）無差別，（c）社会への完全かつ効果的な参加及び包容，（d）差異の尊重並びに人間の多様性の一部及び人類の一員としての障害者の受入れ，（e）機会の均等，（f）施設及びサービス等の利用の容易さ，（g）男女の平等，（h）障害のある児童の発達しつつある能力の尊重及び障害のある児童がその同一性を保持する権利の尊重をあげている。

　障害のある人が権利を実現（行使）するために必要な支援についての考え方として「合理的配慮（reasonable accommodation）」という言葉が用いられている。この言葉は第2条の中で定義されている。それによると合理的配慮とは，「障害者が他の者との平等を基礎として全ての人権及び基本的自由を享有し，又は行使することを確保するための必要かつ適当な変更及び調整であって，特定の場合において必要とされるものであり，かつ，均衡を失した又は過度の負担を課さないものをいう」ということになる。従来，支援あるいは配慮は「特別」なものであると捉えがちであったが，合理的という言葉はこうした捉え方を変えていく力をもっている言葉である。

　日本政府は本条約，選択議定書とも2007年9月28日（日本時間29日）に署名を行うものの，その後，批准に至るまでに国内法の整備に時間を要する。2011年の「障害者基本法」の改正，2012年「障害者総合支援法」の成立，さらに，2013年6月に「障害を理由とする差別の解消の推進に関する法律（障害者差別解消法）」の成立などによって国内法が整備されたことを受けて，2013年12月3日，条約の承認案が参議院外交防衛委員会において全会一致で可決，そして翌日の参議院本会議にて可決され，国会で正式に承認されたことにより，2014年に条約を批准する運びとなる。

　なお，本文中の障害者権利条約の日本語訳は外務省訳を用いた。

3節 わが国の障害のある人の福祉

　わが国の障害のある人の保健福祉施策は，完全参加と平等をテーマとした「国際障害者年」とこれに続く「国連・障害者の十年」（1983～1992年）を契機として，ノーマライゼーションや自立の理念に基づき在宅福祉の施策の充実と社会参加の促進が行われている。1993年12月に制定された「障害者基本法」では，第1条で「この法律は，障害者のための施策に関し，基本的理念を定め，及び国，地方公共団体等の責務を明らかにするとともに，障害者のための施策の基本となる事項を定めること等により，障害者のための施策を総合的かつ計画的に推進し，もって障害者の自立と社会，経済，文化その他あらゆる分野の活動への参加を促進することを目的とする（制定当時）」と述べるとともに，基本理念として「すべて障害者は，個人の尊厳が重んぜられ，その尊厳にふさわしい処遇を保障される権利を有するものとする（制定当時）」（同法第3条第1項）とし，「すべて障害者は，社会を構成する一員として社会，経済，文化その他あらゆる分野の活動に参加する機会を与えられるものとする（制定当時）」（同法第3条第2項）と述べている。他方，1990年代後半から始まった社会福祉基礎構造改革，さらには財政構造改革によって，福祉の国庫負担削減，受益者負担の強化が進められてきた経緯もある。

　1993年12月に制定された障害者基本法で，「この法律において『障害者』とは，身体障害，精神薄弱又は精神障害（以下，「障害」と総称する。）があるため，長期にわたり日常生活又は社会生活に相当な制限を受ける者をいう（制定当時）」（同法第2条）と定義される。これによってわが国の障害のある人の保健福祉施策は，3障害を対象として実施されることになる。施策の基本となる法律として，それぞれの障害に対応して「身体障害者福祉法」，「精神薄弱者福祉法」，「精神保健及び精神障害者福祉に関する法律」がある。18歳未満の障害のある子どもに対しては「児童福祉法」が関係する。これらの法律を基本に，障害のある人の年齢ならびに障害の種別や程度に応じながら，各行政分野の連携のもと，総合的な策定が行われ実施されている。また，福祉サービスの提供にあたっては，サービス受給資格を証明し，サービス利用が簡便にできるよう「障害者手帳制度」が設けられ，「身体障害者手帳」，「療育手帳」，「精神障害者保健福

祉手帳」がある。なお，「精神薄弱」という表現は1999年4月施行の「精神薄弱の用語の整理のための関係法律の一部を改正する法律」により改められ，「知的障害」が現在用いられている。

　1993年3月，国は「障害者対策に関する新長期計画」（以下，新長期計画という）を策定し，1993年からおよそ10年間の施策についての基本的方向性を示した。その基本理念をライフステージのすべての段階において，全人間的復権を目指すリハビリテーションと，障害のある人がそうではない人と同等に生活し活動する社会を目指すノーマライゼーションとし，この理念のもとに完全参加と平等の目標に向けて施策を推進するというものであった。

　この新長期計画を受けて，従来，高齢者福祉施策の進展と比べて立ち遅れていた障害のある人の保健福祉施策に対しても，1995年12月に「障害者プラン〜ノーマライゼーション7か年戦略」が策定された。その特徴は，ゴールドプラン並みの数値目標の設定等施策の具体的目標が内容に盛り込まれたことと，障害のある人のための施策はライフステージのすべての段階かつ生活全般に関連することから，関係する行政分野が総合的・横断的に施策に取り組むという点である。また，新長期計画では，資格や免許制度などにおいて障害があることを理由に資格・免許などの付与を制限したり，障害のある人に特定の業務への従事やサービスの利用などを制限・禁止したりする「障害者に係る欠格条項」の見直しについて検討することとされる。

　2002年には，2003年度から2012年度までの10年間を対象に新長期計画に続く新しい「障害者基本計画」が策定され，新長期計画における「リハビリテーション」および「ノーマライゼーション」の理念を継承し，国民誰もが相互に人格と個性を尊重し支え合う「共生社会」の理念のもとに，障害のある人の社会への参加，参画に向けた施策の一層の推進を図るために講ずべき施策の基本的方向について定められる。

　2013年9月には2013年度から概ね5年間を対象とする「障害者基本計画（第3次）」が策定される。第3次計画では，2011年の障害者基本法の改正の内容を踏まえ，基本理念として「全ての国民が，障害の有無にかかわらず，等しく基本的人権を享有するかけがえのない個人として尊重されるという理念にのっとり，全ての国民が，障害の有無によって分け隔てられることなく，相互に人格

と個性を尊重し合いながら共生する社会の実現」を掲げ，基本原則として，①地域社会における共生等，②差別の禁止，③国際的協調，が盛り込まれた。

2018年 3 月には2018年度からの 5 年間を対象とする「障害者基本計画（第 4 次）」が策定される。基本理念として「このような社会（筆者注：共生する社会）の実現に向け，障害者を，必要な支援を受けながら，自らの決定に基づき社会のあらゆる活動に参加する主体として捉え，障害者が自らの能力を最大限発揮し自己実現できるよう支援するとともに，障害者の活動を制限し，社会への参加を制約している社会的な障壁を除去するため，政府が取り組むべき障害者施策の基本的な方向を定めるものとする」ことを掲げている。その上で基本原則として「障害者を，必要な支援を受けながら自らの決定に基づき社会のあらゆる活動に参加する主体として捉えた上で，政府は，条約の理念に即して改正された次に掲げる基本法の各基本原則にのっとり，当該理念の実現に向けた障害者の自立及び社会参加の支援等のための施策を総合的かつ計画的に実施する」と述べ，①地域社会における共生等，②差別の禁止，③国際的協調，を掲げている。そのための基本的方向性として，①条約の理念の尊重及び整合性の確保，②社会のあらゆる場面におけるアクセシビリティの向上，③当事者本位の総合的かつ分野横断的な支援，④障害特性等に配慮したきめ細かい支援，⑤障害のある女性，子どもおよび高齢者の複合的困難に配慮したきめ細かい支援，⑥PDCA サイクル等を通じた実効性のある取り組みの推進，を示している。

さらに，2023年度から2027年度までの 5 年間を対象として，「障害者基本計画（第 4 次）」の考え方を引き継いだ，「障害者基本計画（第 5 次）」が策定されている。

4 節　支援費制度，障害者自立支援法，障害者総合支援法

介護保険制度の導入や社会福祉基礎構造改革への対応から，2000年 6 月，「社会福祉の増進のための社会福祉事業法等の一部を改正する等の法律」が公布される。この法改正に合わせて，身体障害のある人や知的障害のある人の福祉サービスは，行政が福祉サービスの内容を決定する措置から，障害のある人自らが福祉サービスを選択し，事業者と対等な立場に基づき，契約により福祉

サービスを利用する仕組みの支援費制度に転換される。この制度の導入は，これまで眠っていた，障害のある人の福祉ニーズを掘り起こすとともに，福祉サービスを利用するにあたって，自己決定や利用者本位といった考え方を広げることにつながる。その一方で，福祉サービス利用の増加に財政が対応できない状況や，自治体間で支給決定のルールが違うためにサービス提供に差異が生じたり，精神障害のある人が制度の対象外であったりするなどの問題が生じる。

　こうした制度の問題点を解消するため，2005年10月，「障害者自立支援法」が成立し，2006年４月より段階的に施行される。障害者自立支援法は，精神障害のある人を制度の対象とするとともに，障害種別によって異なっていた福祉サービスを一元化する。また，基本的な福祉サービス提供を市町村に一元化するとともに，福祉サービス提供のルールを明確にする。その一方で，福祉サービスを利用した際の利用者負担が，利用者の所得に応じて費用を負担する応能負担の仕組みから，利用者の福祉サービスの利用量と所得に応じて負担（原則１割負担）が求められる応益負担の仕組みに変更される。この仕組みでは，福祉サービスの利用量が多くなる障害の重い人ほど負担が大きくなるために，福祉サービスの利用を控えたり，施設から退所したりしなければいけない状況が生じ，社会問題となる。

　このような問題を生み出した障害者自立支援法は違憲であるとして，障害のある人や関係者によって，国を相手に各地で訴訟が起こされる。2010年１月，訴訟の原告・弁護団と国との間で和解が成立し，障害者自立支援法を廃止し，新しい福祉制度を作ることで合意する。国は，基本合意文書の中で，障害者自立支援により，障害のある人の人間としての尊厳を傷つけたことに対し反省の意を表明し，2013年までに新たな福祉法を制定することを明記する。これを受け，政府は，2012年３月，「地域社会における共生の実現に向けて新たな障害保健福祉施策を講ずるための関係法律の整備に関する法律案」を国会に提出する。法案は，同年６月に可決，成立し，障害者自立支援法は「障害者の日常生活及び社会生活を総合的に支援するための法律（障害者総合支援法）」となる。障害者総合支援法は，障害者基本法の目的や基本原則をもとに，法に基づく日常生活や社会生活の支援が，共生社会を実現するため，社会参加の機会の確保と地域社会における共生，さらに社会的障壁の除去に資するよう，総合的かつ

計画的に行われることを新たに基本理念として掲げ，施行される。

 ## 5節　障害者基本法の改正，障害者差別解消法

　障害者権利条約の批准に向けて，2011年に「障害者基本法」は大きく改正される。まず目的規定が改正され「この法律は，全ての国民が，障害の有無にかかわらず，等しく基本的人権を享有するかけがえのない個人として尊重されるものであるとの理念にのつとり，全ての国民が，障害の有無によつて分け隔てられることなく，相互に人格と個性を尊重し合いながら共生する社会を実現するため（後略）」（第1条）と規定される。さらに，障害のある人の定義が見直され，「身体障害，知的障害，精神障害（発達障害を含む。）その他の心身の機能の障害（以下「障害」と総称する。）がある者であつて，障害及び社会的障壁により継続的に日常生活又は社会生活に相当な制限を受ける状態にあるものをいう」（第2条）となり，「社会的障壁」による障害を規定し，障害の社会的意味が強調される。また，2005年4月に施行された「発達障害者支援法」を受けて，「発達障害」を障害者基本法の対象として位置づける。さらに，差別の禁止が第4条に新設され，「障害を理由として，差別することその他の権利利益を侵害する行為」の禁止と「合理的配慮」を行わないことが差別であるという規定が盛り込まれる。

　この障害者基本法の第4条「差別の禁止」を具体化するために，2013年6月に「障害を理由とする差別の解消の推進に関する法律（障害者差別解消法）」が制定され，2016年4月1日から施行される。この法律は，すべての国民が，障害の有無によって分け隔てられることなく，相互に人格と個性を尊重し合いながら共生する社会の実現に向け，障害を理由とする差別の解消を推進することを目的とし，差別を解消するための措置や差別を解消するための支援措置について規定している。

　また，すべての障害のある人が，あらゆる分野の活動に参加するためには，情報の十分な取得利用・円滑な意思疎通が極めて重要となる。障害のある人による情報の取得利用・意思疎通に係る施策を総合的に推進し，共生社会の実現に資することを目的として，「障害者による情報の取得及び利用並びに意思疎

通に係る施策の推進に関する法律（障害者情報アクセシビリティ・コミュニケーション施策推進法）」が2022年5月25日から施行された。この法律では，①障害の種類・程度に応じた手段を選択できるようにする，②日常生活・社会生活を営んでいる地域にかかわらず等しく情報取得等ができるようにする，③障害者でない者と同一内容の情報を同一時点において取得できるようにする，④高度情報通信ネットワークの利用・情報通信技術の活用を通じて行う（デジタル社会）ことを基本理念としている。

研究課題

1．日常生活の中にあるユニバーサルデザインについて調べてみよう。
2．日常生活の中で，障害のある人への合理的配慮には何があるか調べてみよう。

推薦図書

●土橋圭子・渡辺慶一郎（編）（2020）．発達障害・知的障害のための合理的配慮ハンドブック．有斐閣．
●佐藤貴宣・栗田李佳（編）（2023）．障害理解のリフレクション――行為と言葉が描く〈他者〉と共にある世界．ちとせプレス．

第14章
在宅福祉・地域福祉の推進

1節 地域コミュニティの変容と重要性

　地域コミュニティとは，都市・地方などの地域性と共同性という要件を中心に構成されているコミュニティであり，特に地縁から自然発生して成立した基礎社会をいう。もともと地域コミュニティの住民は同一の地域に居住し共通の生活様式，伝統をもち，そのコミュニティの共同体としての意識がみられた。しかし，生活様式の変化，グローバル化，IoT（モノのインターネット）化などにより「同じ地域に住む」ことだけでは共同体意識をもつことが難しくなっている。

　SNS上には子育てに関するコミュニティは多数あり，育児商品の紹介，評価，子どもの発熱相談から難病の子どもを抱える保護者等のグループも探すことができる。SNSは時間や距離の制限なくつながる長所がある。しかし，地域コミュニティのつながりは必要ないのだろうか。価値観の合う仲間とその情報だけで育児ができるのかというとそれだけでは不十分である。

　典型的な例として災害時の対応がある。災害時，電気や水といったライフラインが断たれた時，地理的に近い地域コミュニティの助け合いが必要になる。2011年の東日本大震災での出来事について，埼玉県の福祉施設の従事者等に大

学生がインタビュー調査を実施した。ある保育所では，被災時の夕方に近所の高齢者が「一人では不安だから」と来所して共に過ごしていたことがわかった。その後，保育所の駐車場が十分ではなく困っていたところ，震災時に来所した高齢者が，自宅の駐車場を保育所の保護者の送迎時に使用させてくれるようになったという。その話を聞き，「保育所も地域の資源。常日頃から近隣住民と良い関係を築ければ（高齢者とも）助け合うことができる」とインタビューをした学生は感想を述べた。災害時は地域住民の支え合いが重要になる。しかし，災害や事故など困ってから関係を築くのではなく，常日頃より良好な関わりがあれば，些細な困りごとならば近隣で助け合うことができる。誰もが安心して暮らせるように，相互に支え合う地域の連帯意識が求められている。

❷節 地域福祉の理念

福祉国家の基礎である市民社会について野口（2018）は「高齢者であれ，障害者であれ，子どもであれ，社会は人権をもつ者として同等に取り扱う義務をもち，人々は同等の取り扱いを受ける権利を有するのである。自立した（または，その意志のある）個人としての健常者と自立した障害者が市民社会において平等の機会があることがあたりまえの社会である」と述べて地域福祉の理念にノーマライゼーション（normalization）とソーシャル・インクルージョン（social inclusion）をあげている。

ノーマライゼーション（第13章も参照）とは，障害のある人もない人も同等に社会の中で共に生活できるようにすること，あるいはそのような理念である。1950年代にデンマークの知的障害者の親の会の運動の中で提唱された，障害者をノーマライズするのではなく，環境をノーマライズすることを謳った理念である。1969年にスウェーデンのニィリエ（Nirje, B.）が"ノーマライゼーションの原理"を発表し，その原理は国連の「障害者の権利に関する宣言（障害者権利宣言）」(1975年) の土台となった。この理念は今日においても重要なものである。

ソーシャル・インクルージョン（社会的包摂）は，社会から排除され孤立している少数派の人々を，社会資源を活用し社会の構成員として社会全体で支え

合おうとする考え方である。もともとフランスで，1970年代以降「社会的不適応者」(薬物依存者や非行少年など) や若年長期失業者，移民労働者など既存の福祉国家の枠組みでは対応することが困難な人々の抱える問題が「新たな貧困」「ソーシャル・エクスクルージョン（社会的排除)」として認識された。わが国においても，2000年に「社会的な援護を要する人々に対する社会福祉のあり方に関する検討会」(当時の厚生省) の報告書でソーシャル・インクルージョンを進める必要性を説いている。

 節 **子育ての支援と地域福祉**

1 ── 子ども・子育て支援新制度と地域

　子ども・子育て支援法（2012年制定）等に基づく，子ども・子育て支援新制度は2015年4月に施行された。新たな制度では保護者の子育てについて第一義的責任を認識した上で，幼児期の教育・保育，地域の子ども・子育て支援を総合的に推進することとしている。具体的には①認定こども園，幼稚園，保育所を通じた共通の給付（「施設型給付」）および小規模保育等への給付（「地域型保育給付」）の創設，②認定こども園制度の改善，③地域の実情に応じた子ども・子育て支援の充実を図ることとしている。

　市町村主体の地域子ども・子育て支援事業は，子育て家庭や妊産婦の困りごと等に合わせて，幼稚園・保育所などの施設や，地域の子ども・子育て支援事業などから必要な支援を選択して利用できるように，情報の提供や支援の紹介などを行う。地域の実情に合わせた子育て支援とは，区市町村が主体となり「子ども・子育て会議」などを設置し，地域のニーズに基づいた子育て支援の事業計画をつくり，計画に従って保育施設や地域の子ども・子育て支援事業などの提供体制を整える。親子で出かけて交流や相談ができる「ひろば」の設置，一時預かり，学童保育，病児・病後児保育などを増設し，サービスの拡充を図り，在宅で保育する家庭を含む，すべての家庭がニーズに合ったサービスを選択することができるようになり，地域での子育てを支える仕組みを充実していくとしている。社会のあらゆる分野におけるすべての構成員が，子ども・子育て支援の重要性に

対する関心や理解を深め，各々が協働し，それぞれの役割を果たすことが必要であると基本指針では述べている。

2──保育所保育指針が示す保育所と地域連携

　保育所保育指針は2017年の改定で，①乳児・1歳以上3歳未満児の保育に関する記載の充実，②保育所保育における幼児教育の積極的な位置づけ，③子どもの育ちをめぐる環境の変化を踏まえた健康及び安全の記載の見直し，④保護者・家庭及び地域と連携した子育て支援の必要性，⑤職員の資質・専門性の向上の5点を基本的な方向性として示している。地域と連携した子育て支援とは，「保育所保育指針解説」（厚生労働省）によると「第3章　健康及び安全」で，災害の備えとして消防，警察，医療機関，自治会等との連携が求められ，地域によっては，近隣の商店街や企業，集合住宅管理者等との連携も考えられるとしている。「第4章　子育て支援」では，「保育所における子育て支援に関する基本的事項」の，「保育所の特性を生かした子育て支援」の中で，保育所が特に連携や協働を必要とする地域の関係機関や関係者は，市町村（保健センター等の母子保健部門・子育て支援部門等），要保護児童対策地域協議会，児童相談所，福祉事務所（家庭児童相談室），児童発達支援センター，児童発達支援事業所，民生委員，児童委員（主任児童委員），教育委員会，小学校，中学校，高等学校，地域子育て支援拠点，地域型保育（家庭的保育，小規模保育，居宅訪問型保育，事業所内保育），市区町村子ども家庭総合支援拠点，子育て世代包括支援センター，ファミリー・サポート・センター事業（子育て援助活動支援事業），関連NPO法人等があげられている。保育所は地域の子育て支援施設，機関と連携を図りながら総合的な支援体制を築く。

④節 地域に新たなつながりをつくる

　ここでは，新旧住民，文化と地域振興といった異なるものを隔てず包括して，新たな循環をつくり，成功しているプロジェクトを2つ紹介する。

1 ──ふるさとをつくる「越谷ふるさとプロジェクト」

(1) 設立の経緯

　埼玉県越谷市は人口約35万人の中核市である。イオンレイクタウンは「人と自然に『心地いい』」をコンセプトに2008年10月に越谷市に開業した敷地約26万 m^2（その後アウトレットが併設）のアジア有数の巨大ショッピングセンターである。米国ポートランドの環境共生に影響を受け，公共機関 JR 越谷レイクタウン駅の利用や巨大ソーラーパネルの設置，リサイクル材によるディスプレイなど，環境共生も意識している。レイクタウンの象徴である湖（大相模調節池）でビオトープの管理等をするのが NPO 法人「越谷ふるさとプロジェクト」である。2004年，ニュータウンの開発に伴い「越谷レイクタウン地区　水と緑の懇談会」が発足し，2007年に有志による「越谷レイクタウンふるさとプロジェクト」が誕生した。その後，2014年に NPO 法人を設立。大相模調節池に隣接する場所に UR 都市機構の協力で，ビオトープ（自然再生ゾーン）を作り管理する。

(2) 目的と事業

　越谷ふるさとプロジェクトの目的は，大相模調節池を中心に水と緑に関わる活動を通して新しいふるさと越谷を育むことである。そこで「生涯学習の推進を図る」「新旧住民の交流を図る」「子ども科学教室，昔の遊びや地域文化の発信を図る」「大相模調節池等の地域環境づくり」「防災，防犯の推進を図り，男女共同参画社会の推進を図る」「子ども向けワークショップを通じ，学生ボランティアの活動支援を図る」「その他，目的を達成するために必要な事」の 7 つの事業を通して自然環境の保全，青少年の健全育成を行う。具体的には，自然観察会の開催，清掃活動への参加と指導，鳥表示板設置等をしている（写真14-1，14-2）。

　夏には市内に流れる川を遡り，源流を訪ねるイベントを実施している。「川を遡っていくと景色が変わる，景色が変わると住み慣れた街との違いに気づき，自分の故郷を意識する」（副代表談）との話からもわかるように，子どもの郷土愛の涵養も意識している。2017年には，日本財団の「海と日本プロジェクト」のサポートプログラムに，環境学習組織「イオンチアーズクラブ（越谷レイク

写真14-1 植物に付けられたタグ
出所：筆者撮影。

写真14-2 ビオトープの看板
出所：筆者撮影。

タウン・南越谷店）」の子どもたちが参加して，大相模調節池のニホンウナギの生態を調査した。協同組合「浦和のうなぎを育てる会」より捕獲用かごの提供を受けて，うなぎ8個体を捕獲後，タグ付けしリリースした。今後の生態の追跡調査，大学関係者へのデータの提供も行っていくという，市民科学ともいえる活動である。市民による主体的な地域・子ども・環境問題の啓発・産学連携の橋渡しの好事例である。

2——絵本で歴史文化を伝える「諏訪龍神プロジェクト」

(1) プロジェクト発足の経緯

　長野県諏訪市は，人口約5万人の地方都市で，旧石器時代の遺跡が多数発見されるなど，歴史のある地域である。大祭「御柱祭」は平安初期から続く寅と申の年に行われる式年祭で，日本三大奇祭のひとつとされる。湖や温泉がある観光地でもある。しかし，少子高齢化に加えて，地方都市の課題である人口流出の問題を抱えている。2015年6月に諏訪市は若者（高校生）に調査を行った。調査は郵送で行われ，回収率は41.2％。206名の若者が回答した。高校卒業後の進学（大学等）の希望者は75.2％。進学希望者を全数とすると，長野県外への進学先希望者が61.9％。回答者全員に「将来，諏訪市に住みたいか」と尋ねると「ずっと住みたい」が11.7％，「住みたくない」が29.1％，「一度は諏訪市外へ出ても，将来的に諏訪市へ戻って住みたい」が58.7％，となった。「ずっと住みた

い」「将来的に諏訪市へ戻って住みたい」と回答した人にその理由（複数回答）を尋ねると，「諏訪市に愛着があるから」は31.0％であった。将来，戻ってきたいと回答した人にその時期を尋ねると，「大学を卒業し就職するとき」（32.2％）の他に，「定年退職」（17.4％）「結婚する時，子どもが生まれる時」（22.3％）といった漠然とした「いつか」をイメージしている若者が多かった。全員に市内の企業での就職希望を尋ねると，「思わない・どちらかといえばそう思わない」が36.4％，「思う・どちらかというと思う」が22.3％という回答で，市内の企業での就職を希望しない割合の方が多かった。

　諏訪市に本店を持ち，長野県下に飲食チェーンを経営するＯさんは，地域活動にも積極的である。子ども食堂や大学生のイベントに餃子の無料提供をするなど支援をしてきたが，このアンケート結果に大きな衝撃を受けた。若者の流出は労働力の減少につながり，すべての産業振興を阻むことになる。そして日常の暮らしが立ち行かなくなってしまう。何より，若者の故郷への愛着が低いことも気になった。若者が生まれ育った場所に誇りをもって住み続けたいと思うにはどうしたらいいだろうかと悩んだ。ここからＯさんの壮大なプロジェクトが始まる。Ｏさんは諏訪の子どもたちが生まれた育った場所に誇りをもち，将来にわたって住み続けたいと思ってもらいたい，何より地域の産業の担い手として働いて地域振興を支えてほしいという想いから，地域に伝わる龍神伝説にまつわる絵本の制作を企画し，諏訪地域の小・中学校や高校に寄贈することを考えた。そこで，諏訪市の産業連携助成金を得てプロジェクトを発足したが，歴史が長く神社仏閣の関わりも深いため，制作活動には多くの人の承諾を得て進める必要があり，困難も多かった。それでも，「今，このような絵本は必要だ」という関係者の共通認識のもとで完成に至った（写真14‐3）。巻頭言では，Ｏさんと，諏訪の神社の宮司と寺院の住職が，その深い歴史を伝えている。

(2)　昇竜の勢いで広がる活動

　完成の様子がメディアによって報道されると，「絵本を買いたい」「絵本のマップで諏訪湖周辺を散策した」といった反響があった。スタディツアーで地域課題に取り組む大学生たちが，この絵本のPRを目的にその一部を読み聞かせ動画として制作した。学生による瑞々しい声の読み聞かせが好評を得て，大学のホームページに掲載され，全国のケーブルテレビでも放映された。プロジェ

写真14-3　諏訪龍神プロジェクトのメンバー
出所：SUWA デザインプロジェクトホームページより。

クトのメンバーが小学校に行き，読み聞かせをして，制作の過程なども語った。絵本は，諏訪地方の特色ある品として「SUWA プレミアム」の商品にも認定され，今後，教育現場や観光に活用されていく予定である。この美しい絵本の完成は，諏訪地域の古い歴史を可視化することにより，子どもばかりか大人にとっても郷土愛を呼び覚まし地域でつながる連帯の意識をもって地域振興にも役立っているといえる。

5節. 地域共生社会の実現

　2015年9月には厚生労働省は「全世代・全対象型地域包括支援体制」というすべての地域住民を包括する新しい支え合い体制を構築しようと，「ニッポン一億総活躍プラン」（2016年6月2日閣議決定）を示した。その中で地域共生社会とは「子供・高齢者・障害者など全ての人々が地域，暮らし，生きがいを共に創り，高め合うことができる『地域共生社会』を実現する。このため，支え手側と受け手側に分かれるのではなく，地域のあらゆる住民が役割を持ち，支え合いながら，自分らしく活躍できる地域コミュニティを育成し，福祉などの地域の公的サービスと協働して助け合いながら暮らすことのできる仕組みを構築する」と述べている。

　地域共生社会の実現には地域の多様な主体が参画し，人と人，人と資源がつながり切れ目のない支援と連携が可能になる地域力の強化が求められる（図14-1）。コロナ禍で人と人，地域の中の関係が変容し再構築を迫られる今日，今一度保育者は身近な地域コミュニティにつながる，地域の住人同士が支え合

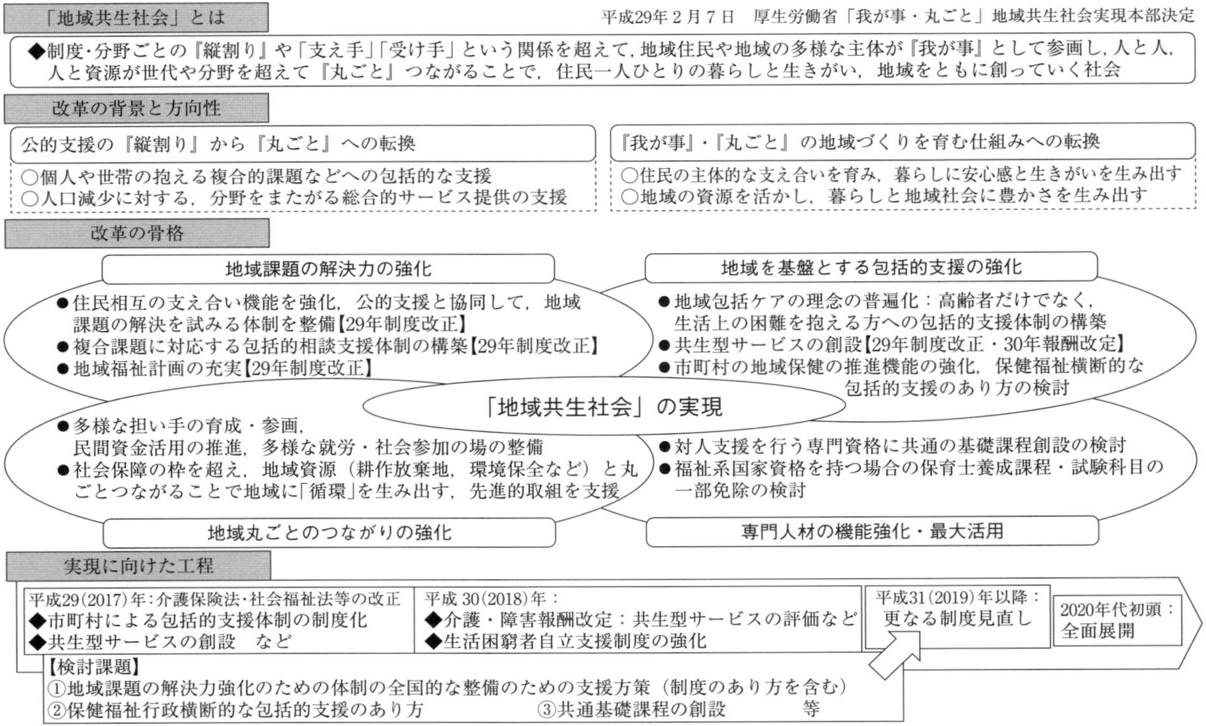

平成29年2月7日　厚生労働省「我が事・丸ごと」地域共生社会実現本部決定

「地域共生社会」とは
◆制度・分野ごとの「縦割り」や「支え手」「受け手」という関係を超えて、地域住民や地域の多様な主体が「我が事」として参画し、人と人、人と資源が世代や分野を超えて「丸ごと」つながることで、住民一人ひとりの暮らしと生きがい、地域をともに創っていく社会

改革の背景と方向性

公的支援の「縦割り」から「丸ごと」への転換
○個人や世帯の抱える複合的課題などへの包括的な支援
○人口減少に対応する、分野をまたがる総合的サービス提供の支援

「我が事」・「丸ごと」の地域づくり・人づくりへの転換
○住民の主体的な支え合いを育み、暮らしに安心感と生きがいを生み出す
○地域の資源を活かし、暮らしと地域社会に豊かさを生み出す

改革の骨格

地域課題の解決力の強化
●住民相互の支え合い機能を強化、公的支援と協働して、地域課題の解決を試みる体制を整備【29年制度改正】
●複合課題に対応する包括的な相談支援体制の構築【29年制度改正】
●地域福祉計画の充実【29年制度改正】

地域丸ごとのつながりの強化
●多様な担い手の育成・参画、多様な就労・社会参加の推進。
●民間資金活用の枠を超え、地域資源（耕作放棄地、環境保全など）と丸ごとつながることで地域に循環を生み出す、先進的取組を支援

地域を基盤とする包括的支援の強化
●地域包括ケアの理念の普遍化：高齢者だけでなく、生活上の困難を抱える方への包括的な支援体制の構築
●共生型サービスの創設【29年制度改正・30年報酬改定】
●市町村の地域保健の推進機能の強化、保健福祉横断的な包括的な支援のあり方の検討

専門人材の機能強化・最大活用
●対人支援を行う専門職に共通の基礎課程創設の検討
●福祉系国家資格を持つ場合の保育士養成課程・試験科目の一部免除の検討

「地域共生社会」の実現

実現に向けた工程

平成29（2017）年：市町村による包括的な支援体制の制度化
◆共生型サービスの創設　など

平成30（2018）年：
◆介護・障害報酬改定：共生型サービスの評価など
◆生活困窮者自立支援制度のあり方

平成31（2019）年以降：更なる制度見直し

2020年代初頭：全面展開

地域課題の解決力強化のための体制の全国的な整備のための支援方策（制度のあり方を含む）

【検討課題】
①地域課題の解決力強化のための体制の全国的な整備のあり方
②保健福祉行政横断的な包括的な支援のあり方
③共通基礎課程の創設

図14-1　地域共生社会の実現に向けた支援体制

出所：厚生労働省（2017a）．をもとに作成。

175

うことの重要性を理解していきたい。

 研究課題 ────────────────────────────

1．自分の住む地域の子ども・子育て支援サービスを地区町村の役所，社会福祉協議会のホームページから探してみよう。
2．地域の情報誌（コミュニティペーパー），広報誌（○○市だより，○○区社会福祉協議会だより）を手に取り，どのような地域活動推進に取り組む地域住民の活動があるのか調べてみよう。

Book **推薦図書** ────────────────────────────

●坏洋一・金子充・室田信一（2016）．問いからはじめる社会福祉学──不安・不利・不信に挑む．有斐閣．
●田中秀幸（編著）（2017）．地域づくりのコミュニケーション研究──まちの価値を創造するために．ミネルヴァ書房．
●國學院大學地域マネジメント研究センター（編）（2023）．「観光まちづくり」のための地域の見方・調べ方・考え方．朝倉書店．

第15章
諸外国の動向

第2次世界大戦以降，欧米諸国をはじめ，多くの国では福祉国家が成立し発展したが，今日ではグローバル化，少子高齢化，経済状況の変化，そして家族・就労形態の多様化等に伴い，それぞれの国で国家の枠組みを超えた新たな福祉政策・実践が模索されている。この章では，イギリス，アメリカ，スウェーデン，フランスを取り上げ，その国の福祉の特色や最近の話題および子育て支援・子どもの貧困対策の動向について概観する。イギリスとアメリカは「小さな政府」として国家の福祉財政への支出を削減し，市場における福祉サービスの拡大を志向している国である。一方，スウェーデンは「大きな政府」として国家が社会保障・福祉サービスの中心的役割を担う「高福祉・高負担」の国である。フランスは，これらの国の中間に位置し，国家の役割が中規模であり，主に家族および職域が福祉を担っている国といわれる。

1節 イギリス

イギリスでは，1942年の「ベヴァリッジ報告」（社会保険および関連サービス）により，公的扶助と社会保険からなる社会保障制度が確立され，戦後，世界に先駆け「ゆりかごから墓場まで」と呼ばれる福祉国家体制が整備された。1970

年の「地方自治体社会サービス法」の成立によって，地方自治体に社会サービス部が設置され，福祉専門職が配置されるなど，地域におけるコミュニティ・ケアが発展した。しかし，サッチャー保守政権下の1990年に「国民保健サービスおよびコミュニティケア法」が成立し，大規模な機構改革が進み，国による福祉への介入が縮小した。地方自治体の福祉サービスの役割は，個人のニーズアセスメントを行い，多様な民間の供給主体から福祉サービスを購入し調整するといったケアマネジメントを行うことへと変わっていった。現在，イギリスでは，福祉サービスは地方自治体が中心的な役割を果たしつつも，自治体の直営サービスから民間福祉サービスへの移行が進んでいる。

　保健医療については，税金を財源とする国営の国民保健サービス（NHS：National Health Service）が全国民を対象に原則無料で提供されている。ただし，患者は救急医療の場合を除いて，あらかじめ登録した総合診療医（GP：General Practitioner）の診察を受けた上で，必要に応じてGPの紹介で病院の専門医を受診する仕組みとなっている。日本のように，患者はどの病院でも自由に受診できるという仕組みではない。NHSは，医療費の増加，医療・保健福祉サービスの連携，サービスの質の向上や過重労働などが問題となっているが，2019年1月にはNHS10か年計画が策定され，NHS改革が進んでいる。

　近年，日本同様にイギリスでも社会的孤立は深刻な問題であり，約900万人，人口の約13%が孤独を感じているという[1]。メイ政権下の2018年1月に世界初の「孤独担当大臣（Minister for Loneliness）」が任命され，同年10月には「つながる社会：対孤独戦略（A connected society: A strategy for tackling loneliness）」が打ち出され，政府横断的に孤立防止対策に取り組んでいる。

　乳幼児の保育と早期教育は，2002年から教育省が所管し，両者の統合が図られている。保育サービスは，公立，営利企業，非営利団体，個人等の多様な主体が，保育所，プレイグループ，チャイルドマインダー（保育ママ），ベビーシッター，学童保育，休日学童保育等の様々なサービスを提供し，他方，早期教育は，幼稚園や小学校もレセプションクラス[2]として就学前の児童を受け入れている。低所得の家庭の子どもに早期教育を受ける機会を与えることを重視し，

＊1　孤独問題に取り組んでいた労働党下院議員のジョー・コックスの遺志を継ぎ，超党派議員たちが「ジョー・コックス委員会」を結成し，2017年12月に孤独問題に関する調査報告書をまとめた。

2013年９月から，従来３・４歳児が受けられた週15時間・年間38週の無料の早期教育サービスを，低所得家庭の２歳児が受けられるようになった。

　児童家庭福祉における主たる課題は，子どもの貧困問題および子育てと仕事の両立支援である。イギリスでは「社会の流動性（Social Mobility）」*3の確保という政策目標が掲げられ，貧困の再生産を防止する観点から子どもの貧困の解消に力を入れている。1999年のブレア労働党政権下では，2010年までに貧困児童を半減させることを公約とし，特にひとり親世帯を対象とする職業訓練，職業紹介の強化などの「福祉から雇用へ（Welfare to Work）」という一連の施策が実施されてきた。また貧困率の高い地域の家庭をターゲットとし，保健，福祉，生活環境等に重点を置いた育児環境の総合的な改善を図る省庁横断的な取り組みとして「シュア・スタート（Sure Start）」（確かな出発）という地域プログラムを推進した。さらに2010年３月には子どもの貧困法（Child Poverty Act）が成立され，2020年までに相対的貧困を10％以下にするなどの国家目標の達成，目標達成のための具体的な戦略の策定，関係者の連携義務などが盛り込まれた。

　イギリスは地域格差が著しい国であるため2022年２月に地域格差の解消や地域活性化を図るために「レベリング・アップ（Levelling Up）白書」*4が公表された。その中には，教育，雇用，保健，住居，交通，犯罪など多岐にわたる12の施策目標が掲げられている。子どもの教育については「読み，書き，算数で期待される水準を達成する小学生の数を大幅に増加させる」ことが示され，2030年までに達成することが目指されている。

 アメリカ

　アメリカは，政府が個人の生活にあまり干渉しない立場をとり，伝統的に自

---

*2　満４歳児を対象とした本格的な小学校教育の準備期間のためのクラス。勉強というよりも集団生活での遊びを中心とした慣らし期間。

*3　低所得層に属する個人や家族などが，中所得以上の層に移行するような「社会階層間の変化」のことを指す。

*4　地域格差の是正や地域活性化を推進し貧困地域への投資を増やす計画。レベリング・アップは，イギリス全土のすべての人に「仕事，賃金，生活水準の向上」「街路をより安全にする」「健康と福祉（Well-being）を守る」「繁華街や街の中心部への投資」「地元の交通を改善する」機会を提供することを意味する（GOV.UK「What is Levelling Up?」より）。

助・自己責任の精神が重んじられている国である。そのため社会保障・福祉は自助努力や民間活動に任せられている。特に医療保障は，日本のようにすべての国民が公的医療保険制度に加入するといったシステムではない。公的な医療保障制度は，65歳以上の高齢者および障害者の医療を保障する「メディケア（Medicare）」と低所得者に医療扶助を行う「メディケイド（Medicade）」のみである。ほとんどの人々は，民間保険会社が提供する医療保険に個人で加入するか，もしくは企業の福利厚生の一環として事業主の負担を得て団体加入している。したがって民間保険制度に加入していない無保険者も多く存在する。無保険者あるいは解雇や転職等によって事故や病気になった時に必要な医療保障が受けられないなどの問題が生じている。また民間保険加入者が受けられる治療や療養の水準も商品によって異なっているので，必要な医療が十分に受けられなかったり，医療費が高く，保険料が高騰し，中小企業が医療保険の提供を断念せざるを得なかったりするなどの問題もある。2009年に就任した民主党オバマ大統領は，2010年に医療制度改革法を成立させ，医療制度改革（オバマケア）を国政の重点事項として取り組んだ。これにより，すべての年代および低所得層でも無保険者の割合が減少したなど一定の成果がみられた。

　子育て支援では，全家庭を対象とした児童手当制度はなく，また全国統一的な保育制度はないなど連邦政府（国）による普遍的な支援策は十分ではない。保育施設は，州の自治を尊重する意味もあり，州が施設整備や職員配置基準などを規定している。しかし，最近は州による教育格差や権利としての保育保障の観点から，連邦政府が早期に質の高い教育保育を実現するために積極的に支援していくことが重視されつつある。5歳児のほとんどは，教育省の管轄する幼稚園に通い，多くの州では小学校内に幼稚園が敷設されている。幼稚園就園前の子どもが通う保育施設は総称してプレスクールと呼ばれ，対象年齢も地域により異なる。乳児から3歳の子どもの保育については，家庭的保育，チャイルド・ケア，早期教育センターなど多様である。

　アメリカは先進諸国の中でも子どもの貧困率が高い国[5]であるが，総合的な貧困対策は十分ではない。連邦政府が重点を置いている貧困家庭への対策の一

＊5　OECD の相対的子どもの貧困率（2016年）は，アメリカは OECD 諸国の平均13.1％を上回り20.9％となっており，子どもの5人に1人が貧困である。

つとして，ヘッドスタートプログラムがあるが，これは，低所得層などの社会的不利益を抱える子どもたちのための早期発達支援プログラムである。主に3，4歳を対象とし，就学準備教育のみならず健康や栄養面の支援も行われ，学校や社会への適応力を高めることを目指す。1965年にジョンソン政権下の貧困対策の一環として開始され，1994年には，低所得層の0〜2歳児にも早期のヘッドスタート（アーリーヘッドスタート）を行うこととなった。しかし，近年の子どもの貧困の増加とともに，対象となる子どもに十分に行き届いていない状況にある。

　クリントン政権下では1996年に「個人責任及び就労機会調整法」が成立し，一連の福祉改革が行われ「福祉から就労へ」が福祉政策の基本方針となった。貧困家庭を対象とした公的扶助として，貧困家庭一時扶助（TANF：Temporary Assistance for Needy Families）が同年に創設されたが，これは就労促進を促す現金給付となっている。児童や妊婦がいる貧困家庭を対象とし，州政府が現金給付を行う場合に，連邦政府が州政府へ定額補助を行うが，連邦政府は交付金の交付条件として，現在は受給開始後2年以内に一定時間の就労活動を行うことを要件としている。また，1993年には仕事と家庭の両立支援として「家族・医療休暇法（FMLA：Family and Medical Leave Act）」が成立し，育児・介護・看護・病気・出産休暇を包含した無給休暇の付与が初めて義務づけられた。12か月で最大12週間の休暇が取得できる。この法律は，多様な休暇を包含し，男女を問わない性中立的な休暇法として画期的な制度とされた。しかし，男女間の実質的な不平等解消にはあまり寄与せず，取得対象者も限定され，中流以上の労働者たちに恩恵をもたらしたといわれている。近年，女性の労働市場への進出が増大し，シングルマザーの貧困が深刻な中で，FMLAの適用範囲や対象家族の範囲等の拡大，休暇中の所得保障など，国による子育てとの両立支援制度の整備が課題といえよう。

❸節 スウェーデン

　スウェーデンは高福祉・高負担を特徴とし，民主主義，男女平等主義，公平性を重視する国として知られている。1980年の「社会サービス法」制定以来，

住民に身近な基礎自治体であるコミューン（日本の市町村レベル）が主体となり，行政区域内の社会福祉サービスの整備を進めていくことになった。現在，保健・医療サービスは広域自治体であるレギオン（日本の県に相応する），福祉サービスはコミューンによって提供されている。

　スウェーデンは高い税負担である一方で，国際的にみても企業の競争力が高く堅実な経済成長を維持している。この理由の一つとして，積極的労働市場政策を推進していることがあげられる。これは職業訓練などの労働者の能力向上を目指し，あらゆる人々の雇用確保や労働市場への参加を促す政策である。経済不況などで産業構造が変化する過程で，衰退する産業において失業者が出ることは避けられず，失業前とは異なる産業分野で働くことも想定される。そのため多種多様な職業訓練プログラムを提供することにより，低生産性部門から高生産性部門への労働力の移転を容易にさせるものである。職業訓練プログラムは，期間も数週間・数か月の短期間のものから，大学において数年間にわたって学ぶものがあり，職業訓練中には子育て支援などの社会サービスが受けられる。個人にとっては知識・技術等を身につけ，自らの成長や自立・社会参加につながり，一方で国にとっては人々の雇用可能性（エンプロイアビリティ）[6]が高められることにより，スウェーデン経済の活性化をもたらすことができる。なお，こうした政策は国民に限らず，外国人も対象となっている。スウェーデンは今や5人に1人は外国生まれであり，2015年の欧州難民危機[7]の影響を受け，新規難民の社会統合は政治的な関心事となっている。2018年9月の総選挙で移民・難民政策に反対するスウェーデン民主党は議席を大きく獲得したが，一方で新規難民がスウェーデン社会から排除されたり，国民との衝突や対立を生じさせないように社会統合を目的とした外国人への語学教育や職業訓練などの積極的な支援も行われている。

　スウェーデンは世界の中でもっとも男女平等が進んでいる国の一つであるが，家族・児童への経済的保障や保育サービスも充実している。育児期間中の経済

＊6　「雇用される能力」，すなわち労働市場における実践的な就業能力を意味する。終身雇用の崩壊や就業形態の多様化といった労働環境の変化を背景に注目されている。

＊7　中東や北アフリカの紛争や内戦などのため大量の難民が押し寄せ，EU の難民および国境管理制度が危機的状況に陥った。

的支援策として，育児休業期間中の所得保障を行う両親保険制度があり，妊娠手当，両親手当等からなる。児童手当は16歳未満の子どもを持つ親に支給され，子どもの人数が増えるごとに多子加算がある。また子どもが16歳を過ぎても義務教育に相当する学校に通っている間は延長児童手当が支給される。その他，子どものいる家庭と18歳以上28歳以下の子どものいない若年者を対象に，子どもの数，住居の大きさ，所得に応じて住宅手当を支給している。これは，母子・父子家庭に対する経済的支援の制度として機能している。

　保育サービスは，1990年代後半の一連の改革により，福祉ではなく教育政策の中で位置づけられ，社会省から教育研究省へと所管が移管された。2011年6月に改正教育法および新カリキュラムが施行され，保育所は学校の一つとされた。そのため，教育目標の明確化，評価・改善の実施，校長の設置，保育士（教師）の登録制の導入，保育士教育の充実，監査機能の強化など質の向上を図る改革が実施された。保育サービスはコミューンが実施主体であり，公費と利用者負担によって保育費用は賄われている。家庭保育は，一定の資格を有する保育担当者が，自宅で数人の児童を保育するタイプである。保育サービスはコミューンが直接提供している場合が多いが，近年はサービスの民営化も進んでいる。

　貧困率はOECD諸国と比べて低いが，貧困率が高い家庭の特徴は，外国出身，ひとり親家庭，若年の親，社会的経済的な困難地域への居住者である。近年，こうした家庭の貧困は改善されつつあるが，スウェーデン出身の両親をもつ家庭と比較すれば依然として大きな差がある。また子どもの教育や保健医療は基本的に無料であるが，それ以外のスポーツ等の余暇活動や長期休暇中等の社会参加・活動における子ども時代の経験についての格差も課題となっている。

4節　フランス

　フランスは，ドイツやイタリアと並び，伝統的にギルドに代表される封建的な職域や家族主義を重視し，カトリックなどの宗教が根づいている社会である。そのため職域ごとの社会保険制度が発展し，家族が扶養責任を果たすことが前提となり，それが難しい場合に国家が社会保障・福祉を提供するという考えに

立ってきた。また教会など宗教関係者やアソシアシオン*8と呼ばれる市民活動を中心とした民間の非営利組織が伝統的に福祉サービスを担ってきた歴史がある。

　しかし，1970年代半ばに合計特殊出生率が低下したことなどから，フランスでは政府が家族への支援に積極的に介入し始めた。子どもの多い家庭に有利になるような所得税の改正，家族手当や保育サービスの充実，育児休業に代表される仕事と家庭の両立施策を進めるなど，家族政策に力を入れている。その甲斐があり，合計特殊出生率は，1994年に1.66にまで落ち込んでいたが，1995年から上昇し，2000年代後半には2.0前後で推移するまでになった。ただし，その後2014年の2.0をピークに下降し，2020年は1.82となっている。

　家族への経済的支援の主なものとして家族手当があるが，子どもが2人以上いる家庭に支給される。親の所得に関係なくすべての家庭に支給されていたが，2015年7月より所得に応じて支給額が変わることになった。母子家庭の貧困問題等を背景に，すべての子どもを対象とし，社会的に扶養の負担を分担するという「普遍性」重視の政策から，近年は貧困家庭への支援を手厚くしていく方向へと転換しつつある。

　仕事と家庭を両立するための制度として，出産休暇制度，育児休暇制度，乳幼児受入手当等があり，親および養育者への支援が整備されている。出産休暇制度では，出産予定の女性労働者は，最大16週間の休暇を取得する（第3子からは26週間）ことが認められ，医療保険制度から出産休暇手当として休暇前賃金の賃金日額と同額が支給されている。また男性労働者は，父親休暇として，通常子どもの誕生から6か月以内に最長28日間の休暇を連続して取得でき，その間は一定の条件を満たせば手当が支給される。育児休暇制度は，子どもが3歳になるまで，1年間の完全休暇もしくはパートタイム労働への移行のどちらかを選択することが可能である。育児休暇は両親とも取得でき，両方が同時にあるいは交代で取得できる。乳幼児受入手当は，乳幼児（3歳未満）の養育者となる者に支給される手当（所得制限がある）であるが，例えば出産・養子縁組に係る費用，乳幼児の生活や教育に係る費用，両親または一方の親が育児のた

＊8　活動分野は広範囲にわたり，例えば，文化・観光・国際交流，スポーツ，レジャー・青少年，保健・医療，高齢者，教育・職業訓練，雇用，住宅，環境などがある。

めに求職またはパートタイム労働に移行した場合の乳幼児の育児に係る費用な
どの補てんとして金銭給付がなされている。

　公的な保育サービスは，主に託児所と個人（認定保育ママ：チャイルドマイン
ダー）によるものに大別される。子どもは３歳になるとほとんどが幼稚園に通
うので，託児所は３歳未満が対象である。認定保育ママは，家族・社会扶助法
典に基づき，県が管轄する母子保護センターの指導・監督のもと，県議会議長
が許可する仕組みとなっている。認定保育ママ事業を開始する場合，80時間の
研修と開始後３年以内にも40時間の研修を受ける必要があり，合計120時間の
研修が義務づけられている。託児所と認定保育ママは，経済的な補助を十分に
受けており，保育料は家族の所得によって異なる。しかし貧困家庭にとっては
保育料は負担であり，実際，最も所得の低い家庭のほとんどの子どもは，親に
よってケアされている。また，託児所の整備については地域格差が大きく，貧
困地域では十分に託児所が確保されない問題もある。そのため，そうした地域
では，公的な保育の場の確保と女性の雇用支援のために，認定保育ママになる
ことが奨励されている。

　2017年５月に就任したマクロン大統領は，就任前から誰もが仕事で自立し，
平等に職業を得る機会をつくること，人生の選択を可能にするための職業訓練
制度の充実を政策目標に掲げた。2018年には「職業人生選択の自由のための法
律」が成立し，職業訓練制度の改善，失業保険制度の改善，男女間による賃金
格差の是正，障害者雇用の促進などの労働・社会保障制度改革を進めている。

研究課題

1．諸外国の子どもの貧困率や子どもへの貧困対策について調べてみよう。
2．諸外国では就学前教育・保育に関心が高まり，早期教育・保育の質が課題となっている。
　　保育の質を向上させるための取り組みについて調べてみよう。
3．仕事と家庭の両立支援制度について諸外国と日本を比較してみよう。

推薦図書

●ルドヴィクァ・ガンバロ他（編著），山野良一・中西さやか（監訳）（2018）．保育政策の国
際比較——子どもの貧困・不平等に世界の保育はどう向き合っているか．明石書店．

●村上芽（2019）．少子化する世界．日本経済新聞出版．
●宇佐見耕一他（編著）（2020）．世界の社会福祉年鑑2020〈2021年度版〉．旬報社．

Column 5

社会的養護施設における子育て支援

　筆者は短期大学の教員であるが，2020年3月までは13年間，ある児童養護施設で児童指導員として働いていた。コラムではその経験をもとに社会的養護施設での子育て支援の実際について簡単に触れておきたい。

　乳児院や児童養護施設等の社会的養護施設は，入所型の生活施設であり，365日24時間子どもと寝食を共にしながら養護と自立支援を一体的に行っている。

　近年，虐待や何らかの障害のある子どもの入所が増加傾向にあるが，入所する子どもの保護者自身も，貧困や精神疾患，地域からの孤立といった様々な課題を抱えており，その家族まで視野に入れた幅広い支援が社会的養護施設には求められている。さらに今日，育児不安や育児困難を抱えた地域の子育て家庭に対する支援や地域の里親支援等も社会的に必要不可欠な状況である。

　育児ストレスや育児疲れ等によって，短期入所生活援助事業（ショートステイ）等を利用する保護者も増えており，多くの施設が積極的に子どもを受け入れている。一方そうした利用方法だけでなく，社会的養護施設から家庭引き取りになるケースの場合にも，子育てが心配な保護者等に対して，短期入所生活援助事業（ショートステイ）等の情報提供を積極的に行っている。その場合には，入所中からの施設職員と保護者との信頼関係があることから，保護者も安心して利用できるようである。また，短期入所生活援助事業（ショートステイ）等を利用する保護者の子育てに関する悩み等に共感し受け止めると，硬く強張っていた表情が和らぐことも多い。様々な事情によって誰にも頼ることができず，必死で子育てをしている保護者が，私たちの身近な地域で「今」まさに生活をしているのである。

　これらの社会的養護施設における子育て支援の取り組みは，虐待等の深刻な状態になる前の予防的な側面を担っているが，子育てを社会全体で見守っていくといった積極的な側面も見出すことができる。例えば，近年，全国で急増している「こども食堂」の活動は，子どもの貧困対策のみならず，地域の人と人とのつながりを活かした子育て支援と考えられる。これからの子育て支援を考える上で，子どもとその家族を地域の中で支え合う仕組みをどうつくっていくのか，社会的養護施設も真剣に考えていかなければならない事柄であろう。

引用・参考文献

■第1章
片山義弘 (2014). 現代社会と社会福祉の意義. 片山義弘・李木明德 (編著). 社会福祉 [新版]. 北大路書房,
　pp.1-26.
厚生労働省 (2008). 保育所保育指針解説書. フレーベル館.
厚生労働省 (2011). 社会保障制度改革の方向性と具体策. https://www.mhlw.go.jp/stf/houdou/2r9852000001bxcx-
　att/2r9852000001bxvn.pdf (2020年12月30日閲覧)
厚生労働省 (2012). 厚生労働白書 (平成24年版).
厚生労働統計協会 (2022). 厚生の指標 増刊 国民の福祉と介護の動向2022/2023, 69 (10).
厚生省 (1999). 社会福祉基礎構造改革について (社会福祉事業法等改正法案大綱骨子). https://www.mhlw.go.jp/
　www1/houdou/1104/h0415-2_16.html (2020年12月30日閲覧)
倉石哲也 (監修・編著), 伊藤嘉余子 (監修), 小崎恭弘 (編著) (2017). 社会福祉. ミネルヴァ書房.
内閣府 (2020). こども政策の新たな推進体制に関する基本方針——こどもまんなか社会を目指すこども家庭庁の
　創設. https://www.cas.go.jp/jp/seisaku/kodomo_seisaku/pdf/kihon_housin.pdf (2023年3月14日閲覧)
内閣官房. こども政策の推進 (こども家庭庁の設置). https://www.cas.go.jp/jp/seisaku/kodomo_seisaku_
　suishin/index.html (2023年3月14日閲覧)
社会福祉の動向編集委員会 (編) (2022). 社会福祉の動向2022. 中央法規出版.
杉本敏夫 (監修), 安場敬祐・家高将明 (編集) (2020). 基礎と課題から学ぶ 新時代の社会福祉. ふくろう出版.

■第2章
喜多明人・森田朋美・広沢明・荒牧重人 (編) (2009). 逐条解説 子どもの権利条約. 日本評論社.
厚生労働省 (2017). 保育所保育指針.
厚生労働省 (2020). 児童相談所運営指針.
厚生労働省 (2022). 社会的養育の推進に向けて (令和4年3月).
日本ユニセフ協会. 子どもの権利条約. https://www.unicef.or.jp/kodomo/kenri/syo1-8.html (2020年12月18日閲覧)
才村純・芝野松次郎・松原康雄 (編著) (2015). 児童や家庭に対する支援と子ども家庭福祉制度 [第3版]. ミネル
　ヴァ書房.

■第3章
厚生労働省 (2017). 社会保障審議会 生活困窮者自立支援及び生活保護部会 (第1回) 資料 生活保護制度の現状
　について.
厚生労働省 (2022). 被保護者調査 (令和4年8月分概数).
厚生労働省. 政策レポート 戦後社会保障制度史. https://www.mhlw.go.jp/seisaku/21.html (2020年12月18日閲覧)
右田紀久惠・高澤武司・古川孝順 (編) (2001). 社会福祉の歴史——政策と運動の展開 [新版]. 有斐閣.
山縣文治・岡田忠克 (編) (2016). よくわかる社会福祉 [第11版]. ミネルヴァ書房.

■第4章
井出英策 (2017). 財政から読みとく日本社会——君たちの未来のために. 岩波書店.
加川充浩 (2017). 戦後改革期の社会福祉制度構築と公私分離の諸相——社会福祉主事配置と民生委員制度改革を
　めぐって. 島根大学社会福祉論集, 6, pp.1-15.
厚生労働省 (2016). 厚生労働白書 (平成28年版).
総務省 (2022). 地方財政の状況 (令和4年3月). https://www.soumu.go.jp/main_content/000800696.pdf (2023
　年3月30日閲覧)
菅谷広宣 (2019). 日本の財政と社会保障. 岐阜経済大学論集, 52 (3), pp.131-149.
財務省. 財政に関する資料. https://www.mof.go.jp/tax_policy/summary/condition/a02.htm (2023年6月30日閲覧)

■第5章
独立行政法人福祉医療機構 WAM NET. 子ども・家庭福祉. https://www.wam.go.jp/content/wamnet/pcpub/

jidou/（2021年1月4日閲覧）
片山義弘・李木明徳（編著）（2014）．社会福祉 ［新版］．北大路書房．
厚生労働省（2022）．厚生労働白書（令和4年版）（資料編）．
倉石哲也（監修・編著），伊藤嘉余子（監修），小﨑恭弘（編著）（2017）．社会福祉．ミネルヴァ書房．
内閣府・文部科学省・厚生労働省（2015）．子ども・子育て支援新制度ハンドブック　施設・事業者向け（平成27年7月改訂版）．https://www8.cao.go.jp/shoushi/shinseido/faq/pdf/jigyousya/handbook.pdf（2021年1月4日閲覧）
社会福祉の動向編集委員会（編）（2022）．社会福祉の動向2022．中央法規出版．
杉本敏夫（監修），安場敬祐・家髙将明（編著）（2020）．基礎と課題から学ぶ　新時代の社会福祉．ふくろう出版．

■第6章───────────────────────────────────
秋山智久（1988）．社会福祉専門職と準専門職．仲村優一・秋山智久（編著）．福祉のマンパワー．中央法規出版，pp.84-97.
秋山智久（2007）．社会福祉専門職の研究．ミネルヴァ書房．
片山義弘・李木明徳（編著）（2014）．社会福祉 ［新版］．北大路書房．
厚生労働省（2022）．厚生労働白書（令和4年版）（資料編）．
倉石哲也（監修・編著），伊藤嘉余子（監修），小﨑恭弘（編著）（2017）．社会福祉．ミネルヴァ書房．
仲村優一（2003）．社会福祉の原理．旬報社．
社会福祉の動向編集委員会（編）（2022）．社会福祉の動向2022．中央法規出版．
杉本敏夫（監修），安場敬祐・家髙将明（編著）（2020）．基礎と課題から学ぶ　新時代の社会福祉．ふくろう出版．

■第7章───────────────────────────────────
久本憲夫（2015）．日本の社会政策 ［改訂版］．ナカニシヤ出版．
香取照幸（2017）．教養としての社会保障．東洋経済新報社．
厚生労働省（2012）．厚生労働白書（平成24年版）．
厚生労働省（2018）．平成30年 我が国の人口動態──平成28年までの動向．
厚生労働省（2022）．厚生労働白書（令和4年版）（資料編），p.194.
厚生労働省．いっしょに検証！　公的年金．https://www.mhlw.go.jp/nenkinkenshou/（2020年12月18日閲覧）
厚生労働省．我が国の医療保険について．https://www.mhlw.go.jp/stf/seisakunitsuite/bunya/kenkou_iryou/iryou hoken/iryouhoken01/index.html（2020年12月18日閲覧）
社会福祉士養成講座委員会（編集）（2019）．社会保障 ［第6版］．中央法規出版．

■第8章───────────────────────────────────
Bartlett, H. M.（1970）．*The Common Base of Social Work Practice.* New York: National Association of Social Workers, Inc.（小松源助（訳）（1989）．社会福祉実践の共通基盤．ミネルヴァ書房）
Butrym, Z. T.（1976）．*The Nature of Social Work.* London: Macmillan.（川田誉音（訳）（1986）．ソーシャルワークとは何か．川島書店）
木下大生・藤田孝典（2015）．知りたい！　ソーシャルワーカーの仕事．岩波書店．
久保紘章・副田あけみ（編著）（2005）．ソーシャルワークの実践モデル．川島書店．
熊谷晋一郎（2013）．依存先の分散としての自立．村田純一（編）．知の生態学的転回　第2巻　技術．東京大学出版会，pp.109-136.
Margolin, L.（1997）．*Under the Cover of Kindness: The Invention of Social Work.* Virginia: University of Virginia Press（中河伸俊・上野加代子・足立佳美（訳）（2003）．ソーシャルワークの社会的構築．明石書店）
Perlman, H.（1970）．The Problem Solving Model in Social Casework. In Roberts, R. & Nee, R.（Eds.），*Theories of Social Casework.* Chicago & London: The University of Chicago Press.（パールマン，H. 久保紘章（訳）（1985）．ソーシャル・ケースワークにおける問題解決モデル．ロバート，W.ロバーツ・ロバート，H.ニー（編），久保紘章（訳）．ソーシャル・ケースワークの理論Ｉ──7つのアプローチとその比較．川島書店）
副田あけみ（2005）．社会福祉援助技術論──ジェネラリスト・アプローチの視点から．誠信書房．

ウェーバー，M. 中村貞二（訳）(1982). 社会学・政治学における『価値自由』の意味. 出口勇蔵・松井秀親・中村貞二（訳）. 完訳・世界の大思想 1 ウェーバー 社会科学論集. 河出書房新社.
White, M. (2007). *Maps of Narrative Practice*. New York: W. W. Norton & Co, Inc.（小森康永・奥野光（訳）(2009). ナラティヴ実践地図. 金剛出版）

■第9章
大西雅裕（編著）(2019). 保育者のための子育て支援セミナー. 建帛社.
大谷佳子（2022）. 対人援助のスキル図鑑. 中央法規出版.
副田あけみ・小嶋章吾（編著）(2018). ソーシャルワーク記録　理論と技法［改訂版］. 誠信書房.

■第10章
片山義弘・李木明徳（編著）(2014). 社会福祉［新版］. 北大路書房.
木原活信（2014）. 社会福祉と人権. ミネルヴァ書房.
厚生労働省（2022）. 社会的養護関係施設における第三者評価及び自己評価の実施について. https://www.mhlw.go.jp/content/11900000/000517793.pdf（2023年3月30日閲覧）
社会的養護第三者評価等推進研究会（編）(2013). 社会的養護関係施設における「自己評価」「第三者評価」の手引き. 全国社会福祉協議会.
東京都福祉保健財団. http://www.fukunavi.or.jp/fukunavi/hyoka/images/kari.png（2021年2月26日閲覧）
全国社会福祉協議会. 福祉サービス　第三者評価事業. http://www.shakyo-hyouka.net（2021年2月26日閲覧）
全国社会福祉協議会. 福祉サービス第三者評価のご案内. https://www.pref.iwate.jp/_res/projects/default_project/_page_/001/003/620/1_1zensyakyou_panf.pdf（2023年3月30日閲覧）

■第11章
法務省. 成年後見制度・成年後見登記制度. https://www.moj.go.jp/MINJI/minji95.html（2021年2月26日閲覧）
一般社団法人日本ソーシャルワーク教育学校連盟（編集）(2021). 権利擁護を支える法制度. 中央法規出版.
片山義弘・李木明徳（編著）(2014). 社会福祉［新版］. 北大路書房.
木原活信（2014）. 社会福祉と人権. ミネルヴァ書房.
厚生労働省（2000）. 社会福祉事業の経営者による福祉サービスに関する苦情解決の仕組みの指針について.（障第452号・社援第1352号・老発第514号・児発第575号）.
厚生労働省（2007）. 福祉サービス利用援助事業について.
厚生労働省（2020）. 意思決定支援を踏まえた後見事務のガイドライン.
厚生労働省. 日常生活自立支援事業. https://www.mhlw.go.jp/stf/seisakunitsuite/bunya/hukushi_kaigo/seikatsuhogo/chiiki-fukusi-yougo/index.html（2021年2月26日閲覧）
厚生労働省社会保障審議会（2004）. 社会福祉基礎構造改革の実施状況について. https://www.mhlw.go.jp/shingi/2004/04/s0420-6b1-3.html（2021年2月26日閲覧）
厚生省中央社会福祉審議会（1998）. 社会福祉基礎構造改革について（中間まとめ）.
宮城県社会福祉協議会. https://www.miyagi-sfk.net/（2023年3月30日閲覧）
日本福祉大学権利擁護研究センター（監修），平野隆之・田中千枝子・佐藤彰一・上田晴男・小西加保留（編著）(2018). 権利擁護がわかる意思決定支援——法と福祉の協働. ミネルヴァ書房, p.31.

■第12章
片山義弘・李木明徳（編著）(2014). 社会福祉［新版］. 北大路書房.
国立社会保障・人口問題研究所（2017）. 日本の将来推計人口（平成29年推計）. https://www.ipss.go.jp/pp-zenkoku/j/zenkoku2017/pp_zenkoku2017.asp（2023年3月8日閲覧）
公益財団法人児童育成協会（監修），新保幸男・小林理（編）(2019). 子ども家庭福祉. 中央法規出版.
厚生労働省（2022）. 令和3年（2021）人口動態統計月報年計（概数）の概況. https://www.mhlw.go.jp/toukei/saikin/hw/jinkou/geppo/nengai21/index.html（2023年3月8日閲覧）

内閣府（2022a）．子ども・子育て支援新制度について（令和4年7月），p.6. https://www8.cao.go.jp/shoushi/shinseido/outline/pdf/setsumei_p1.pdf（2023年3月8日閲覧）
内閣府（2022b）．少子化社会対策白書（令和4年版），pp.48-49. https://www8.cao.go.jp/shoushi/shoushika/whitepaper/measures/w-2022/r04pdfhonpen/r04honpen.html（2023年3月8日閲覧）
櫻井慶一（2016）．児童・家庭福祉の基礎とソーシャルワーク．学文社．
櫻井慶一・宮﨑正宇（編著）（2017）．福祉施設・学校現場が拓く児童家庭ソーシャルワーク──子どもとその家族を支援するすべての人に．北大路書房．

■第13章

外務省．障害者の権利に関する条約（略称：障害者権利条約）．https://www.mofa.go.jp/mofaj/gaiko/jinken/index_shogaisha.html（2023年3月22日閲覧）
片山義弘・李木明徳（編著）（2014）．社会福祉［新版］．北大路書房．
厚生労働省．障害者総合支援法が施行されました．https://www.mhlw.go.jp/stf/seisakunitsuite/bunya/hukushi_kaigo/shougaishahukushi/sougoushien/index.html（2021年1月9日閲覧）
厚生省（1981）．厚生白書（昭和56年版）．
内閣府（2004）．障害者基本法の改正について（平成16年6月）．https://www8.cao.go.jp/shougai/suishin/kihonhou/kaisei.html（2021年1月9日閲覧）
内閣府（2014）．障害者白書（平成26年版）．
内閣府（2018）．障害者白書（平成30年版）．
内閣府（2018）．障害者基本計画（第4次）．https://www8.cao.go.jp/shougai/suishin/pdf/kihonkeikaku30.pdf（2021年1月9日閲覧）
内閣府（2021）．障害者基本法の改正について（平成23年8月）．https://www8.cao.go.jp/shougai/suishin/kihonhou/kaisei2.html（2021年1月9日閲覧）
内閣府．障害者による情報の取得利用・意思疎通に係る施策の推進．https://www8.cao.go.jp/shougai/suishin/jouhousyutoku.html（2023年3月1日閲覧）
内閣府．障害者施策の総合的な推進──基本的枠組み．https://www8.cao.go.jp/shougai/suishin/wakugumi.html（2021年1月9日閲覧）
総理府（1995）．障害者白書（平成7年版）．
社会福祉の動向編集委員会（編）（2022）．社会福祉の動向2022．中央法規出版．
上田敏（2005）．国際生活機能分類　ICFの理解と活用──人が「生きること」「生きることの困難（障害）」をどうとらえるか．きょうされん．
WHO（2001）．*International Classification of Functioning, Disability and Health*（ICF）．

■第14章

圷洋一・金子充・室田信一（2016）．問いからはじめる社会福祉学──不安・不利・不信に挑む．有斐閣．
厚生労働省（2017a）．「地域共生社会」の実現に向けて（当面の改革工程）（平成29年2月7日）．https://www.mhlw.go.jp/stf/seisakunitsuite/bunya/0000184346.html（2021年1月21日閲覧）
厚生労働省（2017b）．保育所保育指針．
内閣府（2020）．子ども・子育て支援新制度について（令和4年7月）．https://www8.cao.go.jp/shoushi/shinseido/outline/pdf/setsumei_p1.pdf（2023年3月30日閲覧）
内閣府・文部科学省・厚生労働省（2016）．子ども・子育て支援新制度　なるほどBOOK（平成28年4月改訂版）．https://www8.cao.go.jp/shoushi/shinseido/event/publicity/pdf/naruhodo_book_2804/a4_print.pdf（2021年1月21日閲覧）
Nirje, B.（1969）．The Normalization Principle and Its Human Management Implications. In Kugel, R. B. & Wolfensberger, W.（Eds.）, *Changing Patterns in Residential Services for the Mentally Retarded*. Washington D.C.: President's Committee on Mental Retardation.
ニィリエ，B.　河東田博・橋本由紀子・杉田穏子（訳編）（1998）．ノーマライゼーションの原理──普遍化と社会変革を求めて．現代書館．
西川ハンナ・森恭子（2013）．社会福祉士養成における総合型地域演習の在り方──東日本大震災における越谷市

の被災体験に関するヒアリングを例として．文教大学生活科学研究，**35**, pp.183-195.

西川ハンナ（2018a）．わが国のソーシャルワークにおける社会開発とその射程．文教大学生活科学研究，**40**, pp.147-152.

西川ハンナ（2018b）．これからの社会福祉に必要な理念とは．山岡政紀・伊藤貴雄・蝶名林亮（編著）．ヒューマ ニティーズの復興をめざして――人間学への招待．勁草書房，pp.60-72.

野口定久（2018）．ゼミナール　地域福祉学――図解でわかる理論と実践．中央法規出版，p.32.

大石壮太郎・諏訪龍神プロジェクト（企画），川西皆子（再話）（2021）．諏訪の龍神さま．ほおずき書籍．

SUWA デザインプロジェクト．「諏訪の龍神さま」贈呈式．https://design.suwa-premium.net/suwa-log/2848/（2023 年 3 月 3 日閲覧）

諏訪市（2015）．諏訪市人口ビジョン．https://www.city.suwa.lg.jp/uploaded/attachment/36353.pdf（2023年 3 月 3 日閲覧）

山本ひろ子（編）（2018）．諏訪学．国書刊行会.

■第15章

安藤英梨香（2018）．【フランス】将来の職業選択の自由のための法律．外国の立法，**277**(2)，pp.10-11.

独立行政法人労働政策研究・研修機構（2018）．諸外国における育児休業制度等，仕事と育児の両立支援にかかる 諸政策――スウェーデン，フランス，ドイツ，イギリス，アメリカ，韓国．JILPT 資料シリーズ，No.197.

GOV. UK. *What is Levelling Up?*. https://levellingup.campaign.gov.uk/what-is-levelling-up/（2023 年 3 月 1 日閲 覧）

厚生労働省（2012）．厚生労働白書（平成24年版）.

厚生労働省（2020）．2019年　海外情勢報告（本文）．https://www.mhlw.go.jp/wp/hakusyo/kaigai/20/（2021年 1 月29日閲覧）

厚生労働省（2022）．2021年　海外情勢報告（本文）．https://www.mhlw.go.jp/wp/hakusyo/kaigai/22/（2023年 3 月 1 日閲覧）

松村祥子（2019）．フランスの社会福祉の特色．松村祥子・田中耕太郎・大森正博（編）．フランス／ドイツ／オラ ンダ（新　世界の社会福祉　第 2 巻）．旬報社，pp.24-40.

内閣府（2015）．『諸外国における子供の貧困対策に関する調査研究』報告書．https://www8.cao.go.jp/kodomono hinkon/chosa/h27_gaikoku/index.html（2021年 1 月29日閲覧）

内閣府（2022）．令和 4 年版　少子化社会対策白書.

OECD Family Database. http://www.oecd.org/social/family/database.htm（2021年 1 月29日閲覧）

シード・プランニング（2019）．諸外国における保育の質の捉え方・示し方に関する研究会（保育の質に関する基 本的な考え方や具体的な捉え方・示し方に関する調査研究事業）報告書.

清水泰幸（2019）．家族給付．松村祥子・田中耕太郎・大森正博（編）．フランス／ドイツ／オランダ（新　世界の 社会福祉　第 2 巻）．旬報社，pp.167-183.

田中弘美（2019）．子育て家庭に向けた支援政策のあゆみ．金子光一・小舘尚文（編）．イギリス／アイルランド （新　世界の社会福祉　第 1 巻）．旬報社，pp.255-274.

UK Government (2022). Levelling Up the United Kingdom White Paper: Executive Summary. https://assets. publishing.service.gov.uk/government/uploads/system/uploads/attachment_data/file/1095544/Executive_ Summary.pdf（2023年 3 月 1 日閲覧）

吉岡洋子（2019）．子ども――権利保障をベースとした子どもと家庭への包括的支援．斉藤弥生・石黒暢（編）．北 欧（新　世界の社会福祉　第 3 巻）．旬報社，pp.177-199.

■ Column1

外務省（2020）．持続可能な開発目標（SDGs）達成に向けて日本が果たす役割．https://www.mofa.go.jp/mofaj/ gaiko/oda/sdgs/pdf/sdgs_gaiyou_202009.pdf（2020年12月31日閲覧）

日本SDGs協会．https://japansdgs.net/（2021年 1 月 1 日閲覧）

索 引

執筆者一覧

■編集委員——民秋　言（白梅学園大学名誉教授）
　　　　　　小田　豊
　　　　　　栃尾　勲
　　　　　　無藤　隆（白梅学園大学名誉教授）
　　　　　　矢藤　誠慈郎（和洋女子大学）
■編著者——李木　明徳（広島文教大学）

【執筆者（執筆順）】
李木　明徳（編著者）　　　　　　　第1章，Column 1，第5章，第6章，第13章
清水　克之（広島文教大学）　　　　第2章〜第4章，第7章，Column 2
溝渕　淳　（高野山大学）　　　　　第8章，第9章，Column 3
太原　牧絵（広島文教大学）　　　　第10章，第11章，Column 4
宮﨑　正宇（倉敷市立短期大学）　　第12章，Column 5
西川ハンナ（創価大学）　　　　　　第14章
森　　恭子（日本女子大学）　　　　第15章

編著者紹介

李木明徳（すももぎ・あきのり）
　　1961年　広島県に生まれる
　　1987年　広島大学大学院学校教育研究科修士課程修了（障害児教育専攻）
　　現　在　広島文教大学人間科学部人間福祉学科教授
〈主　著〉『社会福祉（教育・保育双書④）』（共著）北大路書房，1997年
　　　　　『自分理解の心理学』（共著）北大路書房，2000年
　　　　　『介護等体験における人間理解——教師を志すあなたへ』（共著）中央法規出版，
　　　　　2001年
　　　　　『人間福祉学入門』（編著）北大路書房，2002年
　　　　　『ライフサイクルからみた発達の基礎』（共著）ミネルヴァ書房，2003年
　　　　　『子育て支援（新保育ライブラリ）』（編著）北大路書房，2022年

新 保育ライブラリ　保育・福祉を知る

社会福祉［第3版］

2009年2月20日	初　版第1刷発行	定価はカバーに表示
2014年3月20日	新　版第1刷発行	してあります。
2023年9月10日	第3版第1刷印刷	
2023年9月20日	第3版第1刷発行	

　　　　　　　　　編　著　者　　李　木　明　徳
　　　　　　　　　発　行　所　　㈱北大路書房
　〒603-8303　京都市北区紫野十二坊町12-8
　　　　　　　　電　話　(075) 4 3 1 - 0 3 6 1㈹
　　　　　　　　ＦＡＸ　(075) 4 3 1 - 9 3 9 3
　　　　　　　　振　替　0 1 0 5 0 - 4 - 2 0 8 3

©2023　　　　　　　　　印刷・製本／創栄図書印刷㈱
検印省略　落丁・乱丁本はお取り替えいたします。
　　　　ISBN978-4-7628-3234-5　　　　Printed in Japan

新 保育ライブラリ

子どもを知る／保育の内容・方法を知る／保育・福祉を知る／保育の現場を知る

■編集委員■　民秋　言・小田　豊・柘尾　勲・無藤　隆・矢藤誠慈郎
A5 判・160 〜 220 頁・本体価格 1800 〜 2000 円

平成 29 年告示「幼稚園教育要領」「保育所保育指針」「幼保連携型認定こども園教育・保育要領」対応

保育・福祉を知る
子ども家庭福祉

植木信一　編著
A5 判・196 頁・本体価格 1800 円

子どもや家庭の福祉に関する動向を踏ま
え，最新の情報を提供。保育者養成への活
用はもとより保育者として活躍されている
方にも。

保育・福祉を知る
子育て支援

李木明徳　編著
A5 判・208 頁・本体価格 1900 円

保育士の行う保育の専門性を背景とした
「子育て支援」の特性と展開について，豊
富な資料や実践事例等を通してわかりやす
く解説。

保育の現場を知る
保育所実習［新版］

民秋　言・安藤和彦・米谷光弘・中西利恵・
大森弘子　編著
A5 判・164 頁・本体価格 1800 円

認定こども園，SNS の扱い方，保小連携
等の項目を追加。指導案例や確認のポイン
トなどを新規に収録。内容が一層充実した
改訂版。

保育の現場を知る
幼稚園実習［新版］

民秋　言・安藤和彦・米谷光弘・上月素子・
大森弘子　編著
A5 判・176 頁・本体価格 1800 円

認定こども園，子育て支援，幼小連携，障
がいをもつ子どもとの関わり等を追加。
Q&A で学生の疑問を解決する好評書の改
訂版。

保育の現場を知る
施設実習［第 3 版］

民秋　言・安藤和彦・米谷光弘・中山正雄・
安形元伸　編著
A5 判・208 頁・本体価格 1800 円
学生の不安や疑問に応える Q&A 方式で実
習のポイントを具体的に解説。関連法令や
実習日誌の例など，役立つ資料も豊富に収
録。

保育・福祉を知る
社会的養護 I

宮﨑正宇・大月和彦・櫻井慶一　編著
A5 判・176 頁・本体価格 1800 円

改正児童福祉法や新しい社会的養育ビジョ
ンの公表等を受け，最新の情報を加筆。施
設での多様な事例も紹介。